Research on the Influence of
Agricultural Production Agglomeration
on Grain Production Efficiency

农业生产集聚

对粮食生产效率的影响研究

赵丹丹　著

ZHEJIANG UNIVERSITY PRESS
浙江大学出版社

图书在版编目（CIP）数据

农业生产集聚对粮食生产效率的影响研究 / 赵丹丹
著. — 杭州：浙江大学出版社，2021.3
ISBN 978-7-308-21161-1

Ⅰ.①农… Ⅱ.①赵… Ⅲ.①农业生产—聚集经济—
影响—粮食作物—生产效率—研究—中国 Ⅳ.①F326.11

中国版本图书馆CIP数据核字（2021）第044360号

农业生产集聚对粮食生产效率的影响研究

赵丹丹　著

策划编辑	吴伟伟	
责任编辑	钱济平	陈佩钰
责任校对	许艺涛	陈映箴
装帧设计	雷建军	
出版发行	浙江大学出版社	
	（杭州市天目山路148号　邮政编码310007）	
	（网址：http://www.zjupress.com）	
排　　版	杭州兴邦电子印务有限公司	
印　　刷	广东虎彩云印刷有限公司绍兴分公司	
开　　本	710mm×1000mm　1/16	
印　　张	12	
字　　数	160千	
版 印 次	2021年3月第1版　2021年3月第1次印刷	
书　　号	ISBN 978-7-308-21161-1	
定　　价	58.00元	

目 录

1 引 言

1.1 研究背景与问题提出

　　自2010年以来国家对产业带建设、区域优化给予了高度重视。从2010年出台的《全国主体功能区规划》,以"七区二十三带"为主体的农业战略布局,到2014年颁布的《特色农产品区域布局规划》,再到2015年中央"一号文件"提出深化农业结构调整,促进传统农业向现代农业转型。2016年中央"一号文件"再次提出,"推进农业供给侧结构性改革,加快转变农业发展方式,保持农业稳定发展和农民持续增收"。农业供给侧结构性改革在注意适度扩大总需求的同时,更多地认为农业供求矛盾的主要方面在于供给侧,更多地把改善供给结构、提高供给体系的质量和效率作为解决当前农业问题的主攻方向(姜长云等,2017)。随着农业工业化、农村城镇化进程的加速,农业发展呈现出规模化、区域化和国际化的发展趋势和特征(李二玲等,2012)。生产集聚、区域专业化分工和农业特色产业带也开始引起了国内外学者的广泛关注(Hasan,2013;Mapemba,2013;陈国亮、陈建军,2012;陈建军等,2009)。另外,我国农业农村部大力推进农业供给侧结构性改革,大力实施种植业结构调整,建设粮食主产区、粮食生产主销区等农业生产布局转型。建设和培育规模化、特色化和专业化的生产集聚区,已成为世界农业发展的重要趋势。

　　生产集聚已经影响农业各个领域的宏观层面和微观层面。从宏观层面来看，纵观国内外，不难发现全球生产集聚区已较为成熟稳定，如美国玉米集聚区（中部）、小麦集聚区（西部）、棉花集聚区（东部），荷兰的花卉生产集聚区、奶牛养殖集聚区，以及法国的葡萄集聚区和智利的苹果集聚区（Gordon and Macann，2000；Greenwood and Jovanovic，1989）。从我国看，我国有山东寿光的蔬菜集聚区、新疆的棉花集聚区、云南花卉集聚区和福建的茶叶集聚区。生产集聚是农业现代化发展的必然趋势，且逐渐表现出明显的重要地位（Hyeon et al，2006）。从微观层面看，小农户是长期存在的客观现象，而我国生产集聚作为突破制约小农户经营规模的有效形式（姜长云，2012），并非单纯的土地集中，更多的是农户联合生产和经营，并且有利于农业技术装备实现规模化经营，从而提高技术装备效率。生产集聚在农业生产领域的深度延伸，不仅能够改造传统农业、发展新兴业态，同时也是重构农业生产领域、激发创新活力和新型经济的关键。进而，创造农业项目区、优势特色农业产业带为代表的农业结构调整是推动中国农业现代化的新方向（姜长云，2010）。

　　在生产集聚水平不断提升的背景下，重点关注的是生产集聚水平的提高对农业生产的推动作用。生产集聚作为影响农业生产的系统性媒介，通过集聚效应对农业生产产生影响。生产集聚的外部效应促进要素资源的充分合理配置和有效利用（黄海平等，2010），便于农业生产技术的传播和利用，有助于推动农业机械化水平的提高，有效释放了农业劳动力。通过集聚经济效应吸引生产要素（土地、资本和技术）向某一地区集中，促进农业生产规模效应（毛军，2006）。

　　根据研究已往学者数据可以了解，中国生产集聚现象愈发明显。总体上来看，我国农作物生产集聚水平呈现不断上升趋势，农作物生产集聚水平从1985年的0.65上升到2011年的0.678，26年间上涨了4.30%，但不同农作物生产集聚水平发展趋势存在差异，劳动密集型作物基尼系数从0.6821下降到0.6775，土地密集型作物从0.5649上升到0.5724（贾兴梅、李平，2014；邓宗兵等，2013）。具体来看，我国不同作物的生产集聚水平呈现不同的发展趋势。通过基尼系数测算方法，1978—2011年我国种植业生产集聚水平从0.3937上升到0.4174，谷物作物从0.3824上升到0.4389（邓宗兵等，2013），粮食作物从1980年的0.394上升到2012年的0.512（陈甜、肖海峰，2014）。

与此同时，现实中的生产集聚不仅影响农业资源的合理配置，也开始从宏观层面影响农业生产效率。从已有数据可以看出，我国粮食生产效率也保持着持续增长，从2001年的0.711上升到2010年的0.791，粮食主产区生产效率从2001年0.786上升到2010年0.873（马林静等，2014）。不难发现，我国生产集聚水平与粮食生产效率表现出同步递增趋势，那么，农业集聚的变化对生产要素以及对产出的双重影响，是否在一定程度上促进了效率的提升，且是不同省（区、市）粮食生产效率产生差异的原因？另外，由于生产集聚水平对粮食生产效率的提升趋势不能代表或说明单要素生产效率的发展方向存在差异，因此进一步分析生产集聚水平的变动对单要素生产效率（耕地利用效率、劳动生产效率和机械使用效率）的影响会展现出不同的结果。**由此提出了本书的具体问题如下。**

问题1：我国生产集聚水平的高低受哪些因素的影响？尤其是在农业资源禀赋和外部性条件作用下，生产集聚的形成和发展表现出怎样的趋势？

问题2：生产集聚对粮食生产效率是否产生影响，又是通过哪些途径产生影响？

问题3：生产集聚对耕地利用效率、劳动生产效率和机械使用效率等单要素生产效率是否产生差异？

1.2 研究意义

从研究背景来看，生产集聚是农业现代化发展的重要表现形式，在传统农业向现代农业转型、种植业结构调整、提高生产效率等方面都发挥着明显作用，从根本上保障我国粮食需求的有效供给，提高我国粮食作物国际竞争力，增加粮食综合生产效益。在面对粮食需求量巨大的挑战时，未来中国粮食生产面临着农业资源稀缺和资源与环境的双重约束，因此，提高我国粮食生产效率至关重要。而生产集聚有助于各个地区依据农业资源禀赋优势形成某种农产品的产业集聚，走规模化和集约化之路，进而提升农业生产效率，提高我国农业国际竞争力，破解中国农业面临的一系列棘手问题。

从理论意义上来说，本书利用新经济地理理论、资源优势理论、马歇尔的产业区理论和杜能的农业区位理论，系统构建生产集聚的粮食生产效率理论框架，将生产集聚可能产生的影响上升到理论层面，运用具体的产业经济学和其他经济学理论对本书进行指导和分析。同时，在具体的理论阐述过程中，还考虑到农业产业体系的不同层面对粮食生产产生不同的影响，将农户层面、农业产业层面和农业经济发展水平三个层面也纳入理论分析框架中来，充实了在理论层面对于生产集聚与粮食生产效率的指导意义。本书从宏观层面进行分析，能够增进我们对生产集聚的宏观认识，全球生产集聚发展趋势较为明显，而我国生产集聚还处于萌芽阶段，生产集聚效应才刚刚显现。系统分析生产集聚的现状、演变趋势、集聚程度等为我国农业现代化、优化产业布局提供政策支持。目前少有学者研究关于生产集聚水平与生产效率之间的关系，缺乏相应的实证支撑，将生产集聚纳入粮食生产效率和单要素生产效率的研究更为匮乏。因此本书试图利用省际宏观层面数据了解并把握生产集聚的发展特征，进一步分析其对粮食生产效率和单要素生产效率的影响。一方面可以与相关研究进行参考，并予以补充；另一方面也可以通过实证量化分析检验理论分析机制，进一步弥补这一研究的实证缺失，对于厘清农业资源禀赋、生产集聚与粮食生产效率具有一定的理论价值。

从现实意义上来说，随着农业资源禀赋的进一步紧缩，资源优势的进一步演进，生产集聚水平为提高农业生产效率做出了巨大贡献。在政策层面，2016年中央"一号文件"提出，"推进农业供给侧结构性改革，加快转变农业发展方式，保持农业稳定发展和农民持续增收"，2017年中央"一号文件"提出，农业供给侧改革促进传统农业向现代农业转型，提出要以特色农业、粮食主产区、粮食功能区等优势产业带作为未来农业发展方向，打造我国农业发展的升级版。这一系列国家农业政策和宏观层面空间布局政策的出台和推行，旨在促进我国农业现代化发展。由于农业科技水平不断创新和发展，农业生产要素流动不断加剧，产业转移速度不断加快，政策导向愈加明显，对上述问题的研究与探讨显得尤为重要，这对推进我国农业结构战略性调整、形成农业产业带意义重大。本书正是在生产集聚水平不断提升的背景下，分析生产集聚发展的诱因及其影响。基于此，从省际宏观层面探讨生产集聚对粮食生产效率和单要素生产效率的影响，对加大我国农业创新驱动力度、推进农业侧供给改革，加快农业转变发展方式有着一定的现实意义。

1.3 研究目标与研究内容

1.3.1 研究目标

本书的总体目标是表明在当前我国农业资源禀赋匮乏的背景下，生产集聚水平依然保持着稳步提升的状态。首先，本书分析农业资源禀赋中耕地资源、劳动力资源、农业技术水平和农业资本存量等因素中哪些制约了生产集聚水平的提高，以及生产集聚演变趋势。其次，分析生产集聚水平提升对我国粮食生产效率的提高是起到促进还是阻碍作用，其内在机制又包括哪些。最后，重点分析在农业劳动力不断转移、土地流转和农业技术装备水平不断提高的背景下，生产集聚水平的提高是否能够促进农业生产中单要素生产效率的提高，又通过哪些路径产生影响。本书试图分析我国农业资源禀赋和生产集聚发展现状、客观规律与演变趋势，进而为提升粮食生产效率和保障我国粮食安全提供参考，具体研究目标包括以下几部分。

研究目标一：利用描述性统计分析的方法分析农业资源禀赋与生产集聚演变特征及发展趋势。

本书第四章首先分析农业资源禀赋的发展现状和变动趋势。包括农业耕地资源、劳动力资源、农业机械化水平发展情况等相关内容，以及不同区域间存在哪些差异。其次论述生产集聚水平的基本特征和发展趋势。主要通过基尼系数、区位熵指数、地区平均集聚率和空间自相关分析等方法来描述性分析生产集聚的演变趋势、平均集聚程度、粮食作物不同区域分工、专业化程度和粮食作物时空关联性。

研究目标二：分析资源禀赋变动对生产集聚水平的影响，并厘清内在变动机制和发展趋势。

本书第五章剖析影响生产集聚水平提升的直接诱因有哪些，主要聚焦于农业资源禀赋的变动，全面、系统性分析资源禀赋差异对生产集聚的影响是本书的第二个目标。分析农业资源禀赋和外部性条件如何提高生产集聚水平，包括耕地资源、劳动力资源、农业机械化水平以及外部性条件中非农就业比例、自然灾害和地形条件等变量。在本书中，通过宏观数据更加严谨地验证农业资源禀赋、外部性条件对生产集聚的影响程度。深入分析农业资源禀赋对生产集聚的影响是否为非线性发展趋势，即是否存在拥挤效应或集聚效应等。

研究目标三：揭示生产集聚水平上升对粮食生产效率变动的作用机制，以及验证不同层面生产集聚对粮食生产效率发挥的作用。

本书第六章回答生产集聚水平不断提升，对粮食生产效率产生影响的问题。农户层面的规模经济、农业产业层面的地方化经济和经济发展水平层面的共享经济是否能够推动生产集聚水平的提高，进而降低亩均成本，提高粮食生产效率。首先，利用宏观省级面板数据，采用随机前沿生产函数测算我国31个省（区、市）粮食生产效率，实证分析农业生产集聚水平与粮食生产效率二者之间关系，并进一步检验生产集聚对粮食生产效率的影响。其次，验证农户层面规模效应、经济发展水平层面技术溢出效应和农业产业层面专业化效应是否促进了生产集聚水平的提高，进而促进我国粮食生产效率。最后，分别通过不同产区、不同地理区域和不同经济发展水平等角度描述性分析我国生产集聚水平与粮食生产效率两者之间变动趋势。

研究目标四：生产集聚水平上升对单要素生产效率变动的作用机制。

在农业劳动力不断外出、农业机械装备水平急剧上升和土地规模化背景下，作为影响粮食生产的生产集聚水平是否对单要素生产效率产生影响？本书第七章，首先根据单要素生产效率理论模型和测算方法，并通过宏观省级数据，利用随机前沿生产函数测算农业生产中单要素生产效率，包括劳动生产效率、土地产出效率和机械利用效率。其次，采用动态面板数据模型分析生产集聚水平提升单要素生产效率的作用和效果。

1.3.2 研究内容

围绕上述研究目标，本书的具体研究内容如下。

研究内容一：描述性统计分析资源禀赋与生产集聚演变特征和发展趋势。

本书研究内容一主要包括两部分内容：第一部分利用宏观面板数据分别描述农业资源禀赋发展现状、演变趋势；第二部分利用31个省（区、市）面板数据分析农业生产集聚水平的发展趋势。

1. 农业资源禀赋

本部分主要分析粮食作物资源禀赋总体发展情况、区域特征及变动趋势，分别包括耕地资源、农业劳动力资源和农业科技水平（农业机械化水平）。首先，耕地资源。在全国层面和区域层面分析粮食作物播种面积、复种指数、耕地面积变动、耕地质量和坡耕度等变化情况。重点对地区间发展情况和差异进行对比分析。其次，农业劳动力资源。全国层面和区域层面对比分析劳动力转移时空变化特征、劳动力转移数量、非农就业比例、农村农业劳动力结构变化等情况。最后，农业机械化水平。主要分析全国层面和区域层面农业机械化水平变动情况。重点分析农机服务市场的发展情况、农业机械结构、总动力变动趋势。

2. 农业生产集聚水平

本部分研究内容主要分析生产集聚水平的总体趋势、区域特征、行业专业化程度、市场集中度及空间分布情况。首先，利用基尼系数方法测算我国生产集聚水平总体发展趋势。重点分析1996—2015年我国生产集聚水平的主要发展特征、波动情况和产生的原因。且利用区位熵方法测算我国各地区粮食作物专业化程度，及各区域生产集聚水平差异。其次，通过平均集聚率指数分析我国各地区粮食作物平均集聚率。再次，通过区位熵指数分析我国粮食作物中谷物、薯类和豆类作物的专业化程度和区域分工情况。最后，通过空间自相关指数分析我国粮食作物内部时空关联性。

研究内容二：定量分析资源禀赋对农业生产集聚水平的影响。

在已有文献中，关于资源禀赋对生产集聚的影响，仅选取了其中某一种要素资源。而本书将结合已有学者理论分析进行整理，进一步利用1996—2015年的20年宏观面板数据深入、系统整合农业资源禀赋对生产集聚水平产生哪些影响，又有哪些因素将产生影响。

理论分析上，将农业资源禀赋和外部性条件进行细化，分别从农业资源禀赋中的农业劳动力、农业资本存量、农业技术水平、农业耕地资源和外部性条件中的非农就业比例、自然灾害、地形条件、对外贸易情况等方面，理论分析每种资源禀赋与生产集聚水平二者之间的关系。进而实证分析资源禀赋对生产集聚的影响程度。

实证分析上，首先，利用固定效应模型和SGMM方法分析不同资源禀赋对农业生产集聚水平的促进作用或制约作用。其次，分析资源禀赋是否对生产集聚存在拐点，即是否存在"拥堵效应"，进而加入农业资源禀赋各个变量的二次型进行衡量，最终确定在未来农业发展过程中，哪些因素对生产集聚水平是先促进后抑制，哪些因素是先抑制后促进。

研究内容三：定量分析生产集聚水平对粮食生产效率的影响。

已有研究对农业生产过程中的某个层面进行了分析，如土地规模化对粮食生产效率的影响，但本部分主要从决定农业生产的三个层面（农户、农业产业和经济发展水平）考察规模效应、专业化效应和技术溢出效应对生产集聚水平的作用机制和机制验证。

理论分析上，探讨农户、农业产业和经济发展水平三个层面对生产集聚水平的促进作用。由于前文对该部分进行了理论机制探讨，该部分直接分析生产集聚水平对粮食生产效率的影响路径。农户层面的规模化经营促进生产集聚水平，进而有利于农业机械化作业和农户联合生产，降低农业生产成本，提高生产效率。农业产业层面，在病虫害统防统治、耕种收专业化以及其他社会化服务上推动农业的高效利用，以及发展共享劳动力市场、共享农业信息等，进而降低农户农业生产过程中的搜寻成本，提高粮食生产效率。经济发展水平层面，共享经济发展带来了工业反哺农业，为农业提供了先进的技术，政府、企业等单位加大对农业科研项目的投入力度，带来农业现代化发展，提高粮食生产效率。

实证分析上，利用我国1996—2015年宏观面板数据，运用SFA随机前沿生产函数测算粮食生产效率，考察生产集聚水平对粮食生产效率的影响，验证其对粮食生产效率的促进作用。同时描述性分析全国1996—2015年粮食生产效率和生产集聚水平变动情况及区域差异。

研究内容四：定量分析生产集聚水平对单要素生产效率的影响。

在分析生产集聚对粮食生产效率具有促进作用的基础上，进一步实证分析生产集聚水平的变动对单要素生产效率的影响。

理论层面上，通过随机前沿生产函数的测算进一步分析单要素生产效率变化趋势。生产集聚通过集聚效应对单要素生产效率具有促进作用，且生产集聚初期会带来不同程度的拥堵效应，进而对单要素生产效率产生不同的影响。

实证分析上，通过区位熵测指数测算1996—2015年31个省（区、市）农业生产集聚水平，利用动态面板数据实证分析生产集聚水平对劳动生产效率、机械使用效率和土地利用效率的影响。同时分析生产集聚水平的发展程度对单要素生产效率是产生促进作用还是阻碍作用，以及影响程度如何。最后，采用加入生产集聚二次项的方式，来检验生产集聚发展趋势对单要素生产效率产生的影响。

1.3.3 研究方法

本书按照"生产集聚发展现状—生产集聚发展诱因—生产集聚水平上升对粮食生产效率的影响—生产集聚水平上升对单要素生产效率的影响"的思路来分析上述内容。为把握研究的需要，本书主要是定性与定量分析方法相结合，运用宏观面板数据进行分析。具体研究方法如下。

1. 文献综述法与理论分析。本书第二章和第三章内容对本书相关研究文献进行阅读、整理及综述。文献综述是开展研究的基本性工作。对后期研究使用的理论分析、方法选择、模型选取及模型中所用变量确定起了重要作用。本书通过理论模型及理论机制分析相结合的方法论述了研究思路。

2. 描述性统计分析。本书第四章内容通过描述性统计分析我国农业资源禀赋（耕地资源、劳动力资源、农业技术水平等）和生产集聚水平发展趋势进行分析，同时针对不同地区进行了交叉分析。

3. 实证分析。本书第五章、第六章、第七章运用了实证分析方法对理论机制进行验证。其中本书第五章内容主要运用了面板数据固定效应模型来分析资源禀赋、外部性条件对生产集聚的全方面影响。本书第六章内容主要运用了 SFA 随机前沿生产函数、面板数据固定效应模型、面板数据固定效应工具变量模型和连利方程进行实证验证和机制验证。本书第七章内容主要运用 SFA 随机前沿生产函数，以及面板数据固定效应模型分析生产集聚水平对单要素（劳动力、耕地、机械）生产效率的影响和机制验证。

1.4 技术路线与数据来源

1.4.1 技术路线

本书将结合研究目标和研究内容，以国家层面宏观面板数据中各地区为研究对象，重点关注农业生产集聚对粮食生产效率的影响，理论分析与实证检验相结合，试图阐述生产集聚的提高对粮食生产效率影响，并提出相关的政策建议。

第一步，设计研究方案，提出研究问题。针对从现实状况和现有文献中发现的问题，首先设计了针对粮食生产效率的具体方案。包括从哪个角度切入研究、需要哪些现有数据、数据的具体情况以及如何收集数据等。在此基础上结合相关文献的阅读以及宏观背景的分析提出本书的具体问题。

第二步，构建理论框架，进行实证分析。本书主要围绕生产集聚水平是否促进粮食生产效率展开分析。在清晰认识研究问题的基础上深刻把握研究理论。本书选取产业经济学和微观经济学作为本书的研究指导，以这些理论为基础，首先分析资源禀赋、外部性条件对生产集聚水平的影响，考察生产集聚水平的诱因及影响趋势。其次分析生产集聚水平对粮食生产效率的影响，从农户层面、农业产业层面和经济发展水平层面出发，选取不同的计量方法对问题进行理论与实证研究，并对研究机制进行验证；由于粮食生产效率的提高并不能说明单要素效率的发展方向，因此在此基础上，进一步分析生产集聚水平对单要素生产效率的影响，主要从农业生产投入要素的劳动力、土地和资本三个要素切入。

第三步，总结理论和实证研究结果，提炼研究结论和政策建议。总结理论分析和每一个实证部分得出的结论及其系统逻辑关系，归纳本书对粮食生产研究所得出的重要结论，并进一步提出针对不同地区提高单要素效率和粮食生产效率的政策建议。本书采用的研究技术路线如图1-1所示。

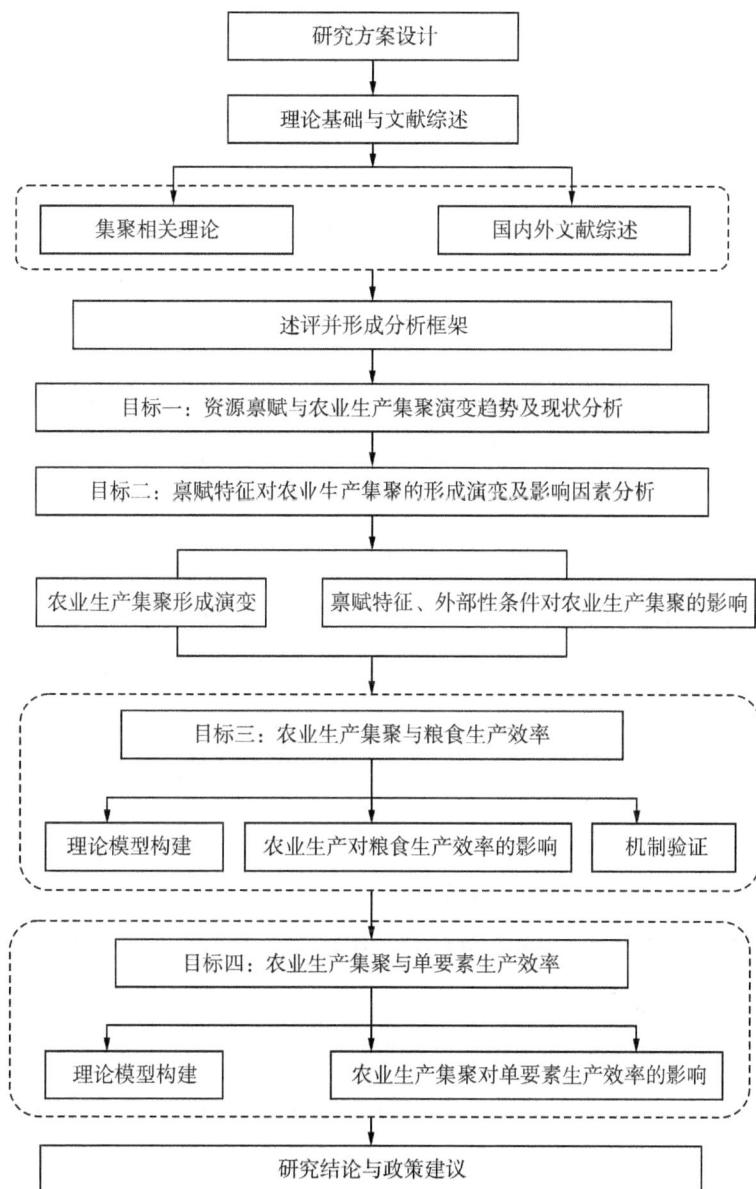

图1-1 技术路线

13

1.4.2 数据来源

本书主要数据来源和类别分别如下。

1. 分省农业生产面板数据。

本书分析所用的数据来源于全国31个省（区、市）1996—2015年的20年数据构成的620个样本数据。具体数据来源如下：各地农作物播种面积、全国农作物播种面积、粮食作物播种面积、全国粮食作物播种面积、有效灌溉面积、粮食产量、农业劳动力、化肥折纯量、各地乡村道路里程、农作物受灾面积、耕地面积、农业补贴、农业产值等变量来自历年《中国统计年鉴》与《新中国六十年统计资料汇编》等资料，机械化率中机收面积、机播面积、机械总动力来自历年《中国农业机械工业年鉴》，不同坡度耕地面积等数据来自 Landast TM 30m 卫星遥感影像数据。

2. 分省经济社会发展及成本收益面板数据。

具体数据如下：各地人均GDP、地区GDP数据来源于国家统计局的《中国统计年鉴》与《新中国六十年统计资料汇编》等资料。测算非农就业比例的乡村从业人员数量、乡村农林牧副渔从业人员数量数据来自历年《中国农村统计年鉴》，其中2014年及2015年两年数据来自各地统计年鉴。

3. 分省农产品成本收益数据。

具体数据如下：经济作物与粮食作物效益差数据中经济作物与粮食作物的成本收益数据来自《全国农产品成本收益资料汇编》，其中经济作物选取了棉花、烟叶、甘蔗、甜菜和蔬菜，粮食作物选取了水稻、小麦和玉米作物。而为保证数据选取样本中使用的数据每年都有进行该项目的农业生产，其中水稻数据来自安徽、福建、广东、广西、海南、湖北、湖南、江苏、江西、上海、云南、浙江、贵州、四川、陕西、河南、北京、黑龙江、吉林、辽宁、宁夏、山东、天津、河北24个地区；小麦数据来自安徽、北京、甘肃、贵州、河北、河南、黑龙江、湖北、湖南、江苏、内蒙古、宁夏、山东、山西、陕西、上海、四川、新疆、天津、云南、浙江21个地区；玉米数据来自安徽、北京、甘肃、广西、贵州、河北、河南、黑龙江、湖北、吉林、江苏、辽宁、内蒙古、宁夏、山东、山西、陕西、四川、天津、新疆、云南21个地区。

1.5 本书结构安排

本书共分为8章，具体结构安排如下。

第一章：引言。本章基于生产集聚水平不断上升等国家宏观背景，找出存在的现实问题，并提出对我国粮食生产效率产生影响的科学问题。进一步提出生产集聚水平对粮食生产的作用机制，明确分析生产集聚水平与粮食生产效率、单要素生产效率之间的内在逻辑。确定研究目标、主要研究内容和研究方法。随后制定技术路线及本书结构安排。最后，分析本书的创新与不足之处。

第二章：概念界定和文献综述。首先，对本书研究的相关概念进行阐述，分别包括集聚、产业集聚与生产集聚、农业资源禀赋、生产效率、效率损失与单要素生产效率等相关概念。其次，分别对生产集聚、粮食生产效率、单要素生产效率的相关文献进行了综述，并作简要评述。

第三章：理论基础和分析框架。首先，对资源优势理论、马歇尔的产业区理论、杜能的农业区位论和新经济地理理论进行简要介绍，为下文建立分析框架及相应模型做铺垫。其次，依据已有理论与文献基础，构建本书理论分析框架，分别深入分析资源禀赋对生产集聚的影响机制、生产集聚与粮食生产效率影响路径和生产集聚与单要素生产效率的理论机制；最后，根据理论基础和分析框架提出本书的研究假说。

第四章：资源禀赋和生产集聚演变趋势及现状分析。本章将通过统计数据对本书对象的宏观情况进行描述界定，包括农业资源禀赋中的农业机械化发展趋势、农业耕地资源变化情况、农村劳动力转移趋势。对生产集聚水平现状与发展演变趋势进行描述性分析，包括我国粮食作物生产集聚历史演变过程、各地区粮食作物平均集聚率、粮食作物区域分工及专业化程度、粮食作物内部各作物的时空关联性。

第五章：禀赋特征对生产集聚的形成演变及影响因素分析。首先，分析了生产集聚演变形成机理。其次，分析资源禀赋对生产集聚水平的影响，主要从农业资源禀赋和外部性条件两个视角出发。并构建计量方程，剖析和理解农业资源禀赋发展趋势对生产集聚水平的影响。

第六章：生产集聚和粮食生产效率。本章主要分析生产集聚水平的变动对我国粮食生产效率是否产生影响。首先，通过随机前沿生产函数对粮食生产效率进行测度。其次，分析生产集聚水平对我国粮食生产效率损失是否产生影响。再次，进一步描述性分析我国不同地区、不同经济发展水平、生产集聚水平及粮食生产效率的演变趋势。最后，验证第三章分析框架中的影响机制，主要从农户层面规模化经济、农业产业层面专业化经济和农业经济发展水平共享经济三个层面对粮食生产效率进行机制验证。

第七章：生产集聚和单要素生产效率。在分析粮食生产总效率基础上，进一步分析农业生产中主要投入要素效率的变动情况是否受到生产集聚水平的影响。首先，通过随机前沿生产函数分别对单要素生产效率（劳动力、机械和耕地利用）进行测算。其次，分析生产集聚水平对单要素生产效率的影响，主要包括劳动生产效率、耕地利用效率和机械使用效率。

第八章：研究结论及政策建议。本章概括性提出了全文的主要研究结论，并从上文各章理论与实证的研究结果中提炼政策内涵。

1.6 创新与不足

1.6.1 创新

本书在以下几方面有一定的创新之处。

1. 研究视角的创新：已有关于粮食生产效率的文献多集中于粮食生产效率测算和农业投入要素（劳动力、专业化服务、土地等）、自然因素（气候、自然灾害）对粮食生产效率的影响，缺乏以生产集聚为视角对粮食生产效率的影响，本书则是从生产集聚视角对粮食生产效率影响路径进行的深入分析。

2. 研究机制创新：以往学者关于生产集聚与粮食生产效率的研究都仅涉及理论机制中的某一方面，较为片面，而本书系统梳理了生产集聚与粮食生产效率之间的影响机制，并建议统一的分析框架，厘清生产集聚水平三个层面（农户、农业产业、经济发展水平）对粮食生产效率形成的内在机制，并对内在机制进行深入探讨，与以往研究相比更加深入、系统。

3. 研究方法创新：在已有义献中研究方法多采用静态面板数据或截面数据分析生产集聚或粮食生产效率，并且在研究方法的处理上较为单一。由于生产集聚是一个动态性过程，对粮食生产效率的影响会出现多重路径。因此本书在计量模型设定上采用多种方法，尽可能剔除模型中的内生性问题。另外，关于生产集聚文献中研究的时点多集中在1978—2008年，而2008—2015年这8年间又发生了怎样的变化，本书将数据进一步更新，以观测近年来我国生产集聚的发展趋势，具有一定的现实意义。

1.6.2 存在的问题

1. 在进行宏观研究时，宏观统计数据的局限性使得本书并不能完全按照机制分析的设想展开，在某些变量的选取上只能尽量选择一些合适的替代性指标。但是笔者会进行相应的稳健性检验以降低数据的影响。

2. 全国不同地区的农机专业户特征各异，所以对这类群体的研究可能需要覆盖更广的范围和更大的样本量，无法精细控制小范围、邻近省（区、市）跨地区作业问题。

② 概念界定和文献综述

2.1 概念界定

2.1.1 集聚、产业集聚与生产集聚

"集聚"(agglomeration)概念被广泛使用,但内涵不尽相同。国内学界对集聚概念的表述均为同一产业或不同产业内大量企业在地理空间上表现出集中的特征。从经济学角度来解释,集聚是指经济活动者为了某种目的而向特定区域集中的过程(吴学花,2006)。Gibbs and Bernat(1997)指出在空间领域,集聚是历史积累而逐步形成,具有一定的规模,并且在特定的递增收益中形成,具有以下两个特征,一是路径依赖,二是区位锁定。

产业集聚。"集聚"一词常用于产业领域,产业领域中集聚更多表现为厂商生产活动的集中。从横向层面看,可以是厂商规模的空间集聚;从纵向层面看,可以是资本、劳动力等要素的空间集中。因此,产业集聚就是生产要素在某一区域的集中。具体的表现形式分为两种情况,一种是产业集聚的形成,即利用地区资源优势而形成的产业(企业)向该地区集中,比如充分的廉价劳动力、市场潜力、便利的交通枢纽等绝对优势,这种集聚叫作指向性集聚。而另一种是为了实现规模报酬递增,产业(企业)向某一地区集中而带来的经济联系,又包括产业

19

（企业）间横向整合或纵向整合。在工业或产业领域测算产业集聚的方法多采用就业密度或就业总量来表示（孙浦阳等，2012）。

农业产业集聚是指具有持续竞争优势的农业经济群落，更具体的指农户、流通、加工和服务业等各领域的企业，所有主体相互联系，专业分工、区域化、集约化生产，以比较优势为导向而向集聚区集中，具有生产规模大和产品品质优等特点（Lucas，1988）。

本书认为生产集聚是指农业生产过程中，某一种作物地理空间上不断集中或集聚的过程，即某作物集中种植程度越高，生产集聚水平越高；主要表现形式有以下几个方面：一是某一作物在一地区种植（或生产）的集中程度；二是受资源禀赋等方面影响，生产集聚又体现在某一地区专业化种植的程度；三是受政府政策引导等方面影响，生产集聚效应体现在农业产业园区中，如万亩良田、两大平原等规模化种植。生产集聚衡量方法一般包括：基尼系数测度、区位熵指数、平均集聚率等，由于所选数据限制，每种方法在本书中所衡量的集聚区域或范围不同。

2.1.2 农业资源禀赋

本书所指农业资源禀赋是指农业生产过程中的投入要素资源。农业资源禀赋是农业生产过程中为保持农产品正常生长所必需的投入要素资源和基本的物质条件，不但包括传统的生产要素，如劳动力资源、自然资源、农业技术水平、资本条件等，还包括了信息资源、制度和市场等现代生产要素。本书仅对农业资源禀赋中最基本的投入要素进行简述。
（1）农业劳动力资源。即可以参加农业生产的劳动力数量和质量。农产品比较优势的高低与农业劳动力数量和质量有着直接的关系，一方面，农业劳动力数量的多寡直接影响着农业生产的顺利性和及时性，但过多的劳动力也会带来不必要的资源浪费。另一方面，农业劳动力的质量更多是指农业劳动力文化水平，其又决定着农业生产比较优势的发挥，区域农业劳动者文化水平越高，区域农产品创新的比较优势就越大。（2）农业技术资源。农业技术资源主要包括农业技术进步和农业机械现代化。一方面可以降低单位生产成本，另一方面可以提升农产品质量。农业技术资源有利于降低农业生产受自然灾害的影响，进而提高比较优势。（3）农业资本要素。农业资本要素又指通过资本投入改变落后的生产条件，促进农业现代化发展，有利于农业结构调整和产品调整，使得农产品朝着更有比较优势的产业或产品方向发展，从而提高地区农产品比较优势。

2.1.3 生产效率、效率损失与单要素生产效率

生产效率是从投入产出的角度来衡量生产单位运用现有技术达到最大产出的能力，通常用生产单位的实际产出与其所能实现的最大潜在产出之间的比值来衡量。在经济学中，在不会使他人境况变坏的情况下，如果一项经济活动不能再有任何可能增进参与方的经济福利，则认为该项经济活动是有效率的。

生产效率损失是指生产者在生产可能性边界上进行生产，实际上受到某种因素的影响，而偏离生产可能性边界的距离。一般情况下，效率损失是用技术无效率或技术效率衡量。技术无效率往往又被归纳为管理上的无效率，而管理又区分人力资本的管理和资金管理等多要素的管理。管理无效率是一个较为笼统的解释，且不同的管理目的和力度也不同，进而导致单要素效率出现差异。

单要素生产效率是指在既定技术水平、产出和要素 X_i（X_i 为投入要素，i 为自然数）以外的其他要素投入量保持不变的条件下，要素 X_i 可以达到的潜在最小化投入量与当前要素 X_i 之比。单要素生产效率的高低表示该要素的投入量与最少要素投入量的差距。单要素生产效率越高，表明该要素的投入量与最少要素投入量之间差距越小，也就是要素

的使用效率越高，反之则表明单要素的使用效率较低，且要素可节约的空间较大。

2.2 文献综述

2.2.1 关于生产集聚研究综述

随着工业化、城镇化以及农业现代化的发展，我国农业地理集聚、区域集聚已成为农业发展的重要趋势之一（郑风田、程郁，2005; Gibbs and Bernat，1997）。20世纪30年代，农业布局在空间上出现了集聚现象。到了80年代，农业布局出现了集中趋势（邓家琼，2010）。与此同时，我国农业的集聚现象也出现了，并表现出一定的规律性（杜志雄等，2010）。随着农业集聚的演进与变迁趋势，关于生产集聚的研究主要集中在以下几个方面。

1. 生产集聚现象演变及趋势变迁

长期以来，我国农作物生产集聚趋势发生改变。粮食生产重心从"中心"地区向"边缘"地区转移（高帆，2005；Fan and Scott，2003）。分品种而言，稻谷生产正向东北区域集中，小麦向北部、中部集中，玉米向东北、中部集中（姜长云，2012；邓宗兵等，2013）。蔬菜则由"郊区"向"农区"转移（吕超、周应恒，2011）。在种植业方面，肖卫东（2012）根据西部大开发政策的划分方法，将中国分为东、中、西三大区域，按各大区域种植业播种面积占全国种植业总播种面积比重作为生产集聚指标的代理变量，结果显示：三大区域存在明显下降的梯度分布特征，并且种植业生产率呈现出依次递减的趋势。赵娜等（2014）通过使用2001—2011年江苏省面板数据，运用产业集聚方法中的重心转移法、区位基尼系数法和Moran's指数法测算了种植业空间集聚程度，结果表明：江苏省种植业重心快速向西北方向移动，集聚水平不断增加；苏北、苏中、苏南种植业集聚程度具有明显的地域梯度特征。在粮食作物方面，陈甜、肖海峰（2014）通过区位基尼系数、产业集中度、专业化指数的计算方法，分析1980—2012年我国粮食作物的时空特征和演化趋势，研究结果显示：我国粮食作物整体上空间集聚程度较高，但不同作物地理集聚存在较大差异，从演化趋势看，粮食作物生产总体上从东部、中部向西部转移，谷物逐渐向东北转移，薯类从中东向西部转移，大豆仍然主要集聚在东北地区。朱启荣（2009）考察了中国棉花主产区空间布局的变化，使用各地棉花种植面积占全国棉花总面积的比重作为生产集聚的代理变量进行分析，结果显示：1980年以来，中国棉花主产区经历了由南方的湖北、湖南、安徽等省份向北方的山东、河北、河南等省份转移，再向西北的新疆迁移的过程。陆文聪等（2008）通过Moran's指数分析粮食生产集聚地区间差异发现：1978年以来，我国粮食生产存在明显的省际相关，即一省（区、市）粮食生产规模的扩大会诱发相邻省（区、市）粮食生产的缩减，粮食产出具有较高的空间溢出效应。

2. 生产集聚水平测量研究

总体而言，我国农作物生产集聚水平处于不断上升趋势，从1985年的0.65上升到2011年的0.678，上升了4.31%。但不同作物生产集聚水平发展趋势存在差异，劳动密集型作物基尼系数从0.6821下降到0.6775，土地密集型作物从0.5649上升到0.5724（邓宗兵等，2013；贾兴梅、李平，2014）。邓宗兵等（2013）运用区位基尼系数、产业集中率、地区平均集聚率和空间相关系数测算1978—2011年中国种植业地理集聚水平，结果表明：1978—2011年种植业基尼系数从0.3937上升到0.4174，谷物作物从0.3824上升到0.4389，薯类从0.5930下降到0.4843，豆类从0.6140下降到0.579，油料作物从0.4749上升到0.5463，棉花从0.6975下降到 0.6661，麻类作物从 0.664 上升到 0.7365，糖料从 0.7602 上升到 0.8133，烟草从 0.7077 上升到 0.8346，茶叶从 0.7221 下降到 0.6833，水果从 0.6192 下降到 0.4672，经济作物从 0.6637 上升到 0.6782，粮食作物从 0.5298 下降到 0.5008。贾兴梅、李平（2014）通过基尼系数和区位熵指数等分析 1985—2011 年我国农业集聚水平，结果表明：1985—2011 年，谷物作物基尼系数从 0.4 上升到 0.467，豆类作物依然保持 0.602，薯类作物从 0.561 下降到 0.483，棉花从 0.703 上升到 0.819，油料作物从 0.467 上升到 0.549，麻类作物从 0.694 上升到 0.750，甘薯从 0.801 上升到 0.914，甜菜从 0.778 上升到 0.885，烟叶从 0.666 上升到 0.731，蚕茧从 0.752 下降到 0.750，茶叶从 0.829 下降到 0.719，水果从 0.535 下降到 0.469。陈甜（2014）运用区位基尼系数、产业集中度、专业化指数方法，对 1980—2012 年中国粮食作物种植的分布进行测算，结果表明：粮食作物基尼系数从 1980 年的 0.3940 上升到 2012 年的 0.512，谷物作物从 1980 年的 0.4344 上升到 2012 年的 0.5074，薯类作物从 1980 年的 0.5915 上升到 2012 年的 0.5283，豆类作物从 1980 年的 0.6310 下降到 2012 年的 0.583。肖卫东（2012）根据基尼系数对中国种植业地理集聚程度进行测度，结果表明种植业生产集聚水平为 0.4510，主要集中在河南、四川、黑龙江、山东、安徽；粮食作物主要集中在黑龙江、河南、四川、山东、安徽。

3. 生产集聚的影响因素

生产集聚水平的变动受多种因素的影响，在宏观层面上受国家宏观调控、自然条件、农业资源禀赋、地区经济发展水平等因素影响（Colin et al, 2002；Hyeon and Byung ,2006；梁书民，2006；Chen et al，2008）；在微观层面上又受农户家庭特征、家庭劳动力数量、技术水平、收入水平等农户行为变化的影响（陆文聪等，2008）。因此，影响生产集聚的影响因素大体上归纳为以下几个部分。

社会经济发展。随着社会经济和科技发展，社会经济发展成为农业产业集聚的变动因素，发挥着越来越重要的作用。其作用机制体现在：一方面，地区经济发展水平越高，非农就业比例越高，进而能够更好盘活土地流转市场，产生新型经营主体，进一步促进生产集聚实现农业规模化和农业现代化（伍山林，2001；杨春、陆文聪，2008；朱启荣，2009；杨万江，2009）。另一方面，有利于吸纳农业剩余劳动力，部分学者认为劳动力的外出未必减少粮食作物的种植，而能保持家庭现有种植规模不变，进而提高了家庭人均农业劳动力耕地数量（赵丹丹、周宏，2018）。人均耕地资源与生产集聚水平的提高具有显著相关作用（罗万纯，2005；伍山林，2001）。另外，比较效益是影响生产集聚水平的次要因素，比较效益的高低引导农业生产种植积极性，进而影响地区生产集聚水平。钟甫宁、胡雪枝（2013）指出替代作物净收益的差异是生产布局变化的直接原因，资源约束和制度改革也是重要影响因素。罗万纯、陈永福（2005）基于1978—2003年我国各地区粮食生产面板数据进行实证分析表明，畜牧业发展状况、经济效益与粮食生产集聚水平呈现显著促进相关作用。朱启荣（2009）通过对棉花产业布局变动影响因素的理论和实证分析，表明我国棉花生产布局变化受到比较效益、非农就业的影响较大。

农业资源禀赋。农业资源禀赋是影响粮食作物生产集聚的首要因素，生产集聚地区发挥资源禀赋优势又进一步促进生产集聚水平的提高。在集聚的影响因素方面，众多研究表明自然因素为我国农业产业集聚的基础因素（梁书民，2006；朱启荣，2009；Baldwin，1999；Tone，2002）。生产集聚最初的形成受自然资源的影响，如气候、水资源等（张宏升，2007；陈伟莲，2009；Fare and Grosskopf，2004）。而自然因素中的自然灾害也是影响生产集聚水平的重要因素之一。罗万纯、陈永福（2005）基于1978—2003年我国各地区粮食生产面板数据进行实证分析，研究结果表明，成灾面积与生产集聚水平呈负相关，成灾面积越大，农户就越会选择种植多样化品种以规避风险。除自然因素外，资本存量、劳动力数量、耕地数量等对生产集聚均产生影响。杨万江等（2009）通过实证分析表明，农业劳动力、化肥使用量、有效灌溉面积、水稻单产、耕地面积显著影响中国水稻生产空间集聚布局变动。张落成（2000）对1949年以来粮食生产布局进行观察，发现人地矛盾和市场与运输条件是我国粮食生产布局变化的原因。罗万纯、陈永福（2005）通过1978—2003年数据研究发现粮食单产、复种指数对粮食作物生产集聚影响尤为显著。郑旭媛等（2014）在劳动力成本不断上升背景下，分析劳动力价格和地形对粮食作物生产变迁的影响，发现地形直接影响着要素替代程度，对农业技术的使用产生深远影响。由于农业技术直接影响着粮食作物的连片作业和生产，因此，可以说地形对生产集聚产生负面影响。

技术进步。农业技术进步给农业带来了深刻变革，同时也对粮食变迁、生产集聚带来了深远影响（朱启荣，2009；Tone，2001；Banker et al，1984）。随着工业化、城镇化发展，我国劳动力大量外出、土地流转变革不断深化，农业技术水平的提高可以缓解农业劳动力大量外出对农业生产的冲击（Maaten et al，2007）。技术进步推进了农业规模化生产，或者说我国农业为实现现代化生产而迫使农业技术进步。张宏升（2007）从产业集聚机理层面阐述了我国农业产业集聚影响因素的构成，其中，科技进步和市场需求是影响生产集聚的因素之一。朱启荣（2009）对棉花产业布局变动影响因素的理论和实证分析表明，技术进步是影响棉花产业集聚的主要因素之一。同时，我国政府部门一直鼓励发展农业机械化和农业自动化，通过一系列的农机补贴、种植大户补贴等形式鼓励农业机械化发展（纪月清、钟甫宁，2011）。除机械技术外，我国又不断更新优良品种和转基因技术，优良品种技术的推广促进了粮食单产和粮食规模的扩大，进而不断提高生产集聚程度（罗万纯、陈永福，2005；顾莉丽，2011）。

4. 集聚、集聚经济与劳动生产率的关系分析

"集聚"一词最早出现在产业领域，且多指产业集聚。产业集聚是指同一产业在某个特定的地理区域内高度集中，产业资本要素在空间范围内不断汇聚的过程。产业领域集聚的研究一般是指人口集聚、经济集聚、产业链集聚等。集聚必然与集聚经济息息相关，集聚对集聚经济的作用一般分为三类：第一类为内部规模经济（internal economics of scale），又指企业或个人通过某领域的扩大生产规模而带来的单位成本的降低。这种成本的降低透过要素投入的可分性来实现，从而降低生产成本，达到内部规模经济的目的。还能通过不可分的要素投入来实现，而这种投入往往存在一个最低有效规模，规模越大，产出和效率越高。第二类为行业内经济（localization economics）。主要指企业集聚的同一城市中，通过共享基础设施、便利的交通环境、劳动力、技术信息等降低企业成本，这种规模经济对企业来说是外部规模经济，但对行业来说为内部规模经济，该行业规模的扩大降低了单个厂商的生产成本。第三类为城市化经济（urbanization economies）。城市化经济为外部经济，也就是说城市内的公共设施和服务对企业和产业来说是共享的，进而有效地降低了城市内企业的生产成本，使得那些小型企业有条件从事专业化生产或专业化服务，产业间的知识外部性刺激了经济发展（Goldstein and Gronberg，1984）。

多数学者探讨了集聚对区域经济增长与劳动生产率的影响。集聚表现为一个逐步推进的进程，其形成到发展对当地经济的影响必会出现一个变化，即集聚效应的动态性问题，不同类型、不同时期的集聚效应会表现出拥堵效应和促进经济增长的集聚效应，且在不同时期达到不同的均衡状态（Brulhart and Mathys，2008）。大量理论和实证研究均证实了

经济活动在一定空间内集聚对生产率产生的影响（卫龙宝、李静，2014；沈正平等，2004）。在产业领域，孙浦阳等（2012）将工业集聚和服务业集聚进行了区分，运用2000—2008年面板数据就产业领域的产业集聚对劳动生产率的影响进行分析，结果表明产业集聚带来的拥堵效应和集聚效应在不同时期可能处于不同的均衡状态，集聚初期的拥堵效应占主导地位不利于经济发展，而之后促进劳动生产率提升的集聚效应逐步占据主导地位。产业集聚对劳动生产率的影响具有波动性，而长期来看，产业集聚对劳动生产率具有促进作用。Ciccnone（2002）就产业集聚对地区劳动生产率的影响进行分析，并用就业密度作为产业集聚的代理变量，结果显示当就业密度每上升100%时，地区劳动生产率会提高4.5%。在农业领域中，种植业集聚对种植业产业增长具有促进作用（邓宗兵等，2013），生产集聚与地区间经济发展水平具有相互依赖性（彭晖等，2017）。如骆亚琳（2017）探讨了花木产业集群对农机发展的影响，结果表明花木产业的集聚年产值与GDP、农民人均收入具有显著相关性。黄修杰、钟钰（2017）利用空间基尼系数和区位熵指数对广东省农产品区域布局与农业经济增长关系进行分析，研究结果表明农业产业集聚度与区域农业经济增长之间互相促进、强化且互相依存。

5. 生产集聚对粮食生产的影响

生产集聚通过集聚经济、集聚效应影响粮食生产，其作用机制主要体现在以下几个方面。

一是实现耕地规模经济。农业产业集聚可以通过降低交易成本、提高品牌知名度、共享基础设施、技术创新等途径实现农业规模经济（杨丽、王鹏生，2005）。姜长云（2010）认为生产集聚化和连片化迅速推进，农业项目区建设、优势特色农产品产业带建设等将是中国农业现代化发展的重要方式。二是促进区域经济增长。农业产业集聚与农业经济增长具有互相促进的内在关系（吕超、周应恒，2011；王艳荣、刘业政，2011)，并且促进中国农业各部门的经济增长(贾兴梅、李平，2014)，是提高农业区域竞争力的有效手段(郑风田、程郁，2005)。农业产业集聚对农民收入增长具有促进作用(王艳荣、刘业政，2012)。秦建军等(2010)基于农产品加工业数据分析农业产业集聚对农业经济增长的影响，结论表现出农业产业集聚对当地经济增长具有促进作用，但不同行业间产业集聚水平存在差异。三是有利于技术进步。随着劳动力转移土地流转市场的发展，农业产业集聚的涌现，有利于技术水平的提高。李博伟、徐翔(2018)以对淡水鱼养殖为例讨论生产集聚对农户技术采纳行为的影响，结果表明养殖集聚能够促进技术信息的传播，并且促进技术使用强度的提升。

2.2.2 关于粮食生产效率的文献综述

现有关于影响粮食生产效率的文献主要聚焦于两大部分：第一部分是粮食生产效率的测算，第二部分是粮食生产效率的影响因素。在第二部分影响粮食生产效率的因素中又将影响因素分为两大类。第一类主要包括农业资源禀赋对粮食生产效率的影响，第二类包括自然资源以及外部性对粮食生产效率的影响。

1. 粮食生产效率测算

农业生产技术效率成为当前研究生产效率的重点内容，而粮食生产效率又是研究农业生产效率的问题之一，当前已有众多学者对我国粮食生产效率进行测算，研究方法分为SFA分析方法和DEA分析方法。SFA分析方法是指随机前沿生产函数分析方法，是一种计量分析方法，将投入与产出以函数形式表示(薛龙、刘旗，2013)。而DEA分析方法是线性分析方法的一种，表示产出与投入之间比例关系的比值，通过将决策单元效率与相同服务的决策单元的效率比较，实现实际单元效率的最大化。当效率达到1时，被称为相对有效率的决策单元。当效率小于1

时，则被称为无效率单元（秦治领，2013）。SFA分析方法与DEA分析方法中，SFA分析方法很好地规避了非技术因素对效率的干扰，而直接得出效率值。DEA分析方法的优点是它可以检验生产函数中的参数，也可以检验生产函数模型设定的准确性，有利于降低干扰因素对效率的估计值的影响。但SFA分析方法只适用于单产出多投入的生产函数模型，而非阐述分析方法则不然（素桂红，2010）。在测算全国层面粮食生产效率的文章中，多数学者通过对粮食效率的测算均得出我国粮食生产效率处于不断升高的趋势，但不同地区间存在差异。宿桂红、傅新红（2011）通过SFA方法测算1998—2008年中国粮食主产区小麦生产效率，研究发现主产区小麦技术效率逐渐提高，但提升幅度地区间存在差异。彭代彦、文乐（2015）通过使用SFA方法对2000—2008年我国26省粮食生产效率进行计算，并将农村劳动力结构变动作为影响效率损失的主要因素，进一步测算我国粮食技术效率对粮食全要素生产率的贡献。

又有学者通过DEA方法对粮食生产效率进行测算（张晓恒、周应恒，2015；周瑞明，2009；陈刚、王燕飞，2010），如闵锐、李谷成（2012）使用序列DEA方法测算1978—2010年我国粮食生产效率以及粮食全要素生产率的变化情况，得出东部地区粮食生产协调较好，西部地区粮食生产出现失衡现象。薛龙、刘旗（2013）运用DEA方法测算2000—2011年河南省粮食生产效率，包括粮食生产综合技术效率、纯技术效率、规模效率和全要素生产率。研究发现，规模效率是影响粮食生产综合效率的关键因素，而技术效率是促进粮食生产综合技术效率的主要原因。尹朝静等（2016）采用序列DEA方法估算了1978—2012年我国粮食生产效率，并揭示气候变化阻碍了粮食生产效率的提高，但促进粮食生产技术进步，产生双重效应；王珏等（2010）运用Malmquist指数方法对我国各地区1992—2007年的农业全要素生产率进行了测算，从不同区域分析其粮食生产效率。胡冰川等（2006）使用SFA方法，利用江苏省数据对江苏省13个地区粮食生产情况进行分析，得出江苏省粮食生产效率处于不断上升趋势，化肥和机械投入对粮食生产效率的提升具有正向促进作用。秦清等（2006）对2003年河南省18个地区粮食生产效率进行分析，研究发现，河南省粮食生产效率不高，主要原因是复种指数、有效灌溉面积等因素影响。李英普等（2015）利用SFA随机前沿生产函数，以1994—2013年河北省11市数据测算该省粮食生产效率，结果表明总体上河北省粮食生产效率处于不断上升趋势，但各地区粮食生产技术效率存在差异，张家口和承德粮食生产效率变化较大。宿桂红、常春水（2014）采用C-D生产函数对2004—2012年吉林省9市粮食生产效率进行测算，得出吉林省粮食生产技术效率为71.36%。

2. 粮食生产效率影响因素相关文献

由于粮食生产本身具有农业弱质性特点，尤其是农业投入要素对粮食生产效率的直接影响，如劳动力、土地、技术进步等方面，进而在影响粮食生产效率的因素中，大致分为两类，第一类主要分析农业投入要素资源禀赋对粮食生产效率的影响，主要包括土地、外包服务、劳动力和农业资本等方面。

土地要素。包括耕地规模、土地细碎化、耕地地力等。与传统农业相比，土地规模化经营抑制了土地细碎化带来的效率损失（王兴稳、钟甫宁，2008），并且有利于农业机械化的使用，分别提高了农业生产要素的配置效率和粮食生产效率（陈培勇、陈风波，2011；王水连、辛贤，2017；王嫚嫚等，2017；但小平等，2008）。Renato（2006）利用菲律宾水稻调研数据，通过随机前沿分析方法测算不同规模水稻技术效率，结果表明，随着经营规模的扩大，生产效率也随之扩大。张忠明、钱文荣（2010）利用吉林省调研数据，通过土地规模聚类分析和生产效率测算发现土地规模与粮食生产效率两者之间不是简单的线性关系，表明小规模户与大规模户生产潜力都得到了较充分发挥。陈培勇、陈凤波（2011），王嫚嫚等（2017），王水连、辛贤（2017）认为土地细碎化不利于农业规模化生产，影响农业生产利润和效率，降低农业生产要素的配置效率，增加了农业生产成本、劳动力、机械用工量等生产要素的投入，对粮食生产效率的提高带来阻碍作用；贾琳、夏英（2017），许庆等（2011），Gautam et al（2012）分析耕地的规模效应，表明其有利于农业机械化的使用，对粮食生产效率具有促进作用。王嫚嫚等（2017）将耕地地力分别放入生产函数和影响非效率项中，结果均显示耕地地力对粮食生产效率具有显著的正向作用。

外包、生产性社会化服务。生产性服务是指农业生产活动提供中间投入服务的产业，包括生产资料的规模供给、生产技术的统一服务和农产品统一销售等多种形式（蒋和平、蒋辉，2014）。随着城镇化和工业化发展水平的提高，传统生产模式难以满足日益增长的粮食需要（姜长云，2010）。现代经济增长理论表明，生产效率的提高依赖于技术的进步，而新技术的产生又依赖于专业化服务的发展（高强、孔祥智，2012）。与此同时，随着劳动力价格的上涨、青壮年劳动力外出，农业社会化、专业化等外包服务的出现，生产性服务能够有效替代家庭劳动力，不仅克服了农村劳动力数量和劳动力技能不足的缺陷，缓解当前城镇化带来的劳动力损失和劳动力副业化现象，而且对原有价格较高的生产资料进行替代，节约了生产成本，促进了农业现代化发展，并提高了农业生产效率（孙顶强等，2016；陈超等，2012）。关于农业社会化服务，相关学者还分析了自用工与雇工对粮食生产效率的影响，发现雇工的劳动生产效率高于自用工（薛庆根等，2014）；刘强等（2017）采用随机前沿研究方法，分析生产性服务对粮食成本效率的影响，研究结果表明生产性服务在不同环节上对粮食成本效率存在差异，但技术服务、机械服务对提高粮食成本效率、节约生产成本具有显著作用。

农业资本投入。农业资本性投入增加了农民收益、促进了农业生产先进设备改良、优良品种研发、农业补贴和技术进步（Wamer，1974）。杨昆、黄季焜（2009）利用调研数据分析新品种的采用对农业生产效率的影响，结果表明新品种的采用促进农业生产效率的提高。农业财政补贴作为资本投入，无论是现金形式还是实物形式均促进资本流动，隐形地降低农户投入成本，提高农户种粮积极性，从而对粮食生产形成反馈效应，提高粮食生产效率（高鸣等，2016）。粮食生产的关键在于技术进步，提高农业科技水平和专业分工，不仅有助于提高产出效率，更有利于开发粮食资源（杨义武等，2017；Mapemba,2013）。农户在农业生产过程中通过学习和模仿等技术扩散获取更多的技术信息，通过不断改进农业技术，提高粮食生产效率（Lindner，1979）。

农村劳动力。主要涉及劳动力转移、劳动力老龄化、妇女化等方面对粮食生产效率的影响。关于劳动力老龄化对粮食生产效率的影响存在分歧，一部分学者认为，农村劳动力老龄化没有显著降低粮食生产效率（周宏等，2014；彭代彦、文乐，2016；胡雪枝、钟甫宁，2013），而另一部分学者认为农村劳动力老龄化制约了农业生产，并阻碍了粮食生产效率的提高（陈锡文等，2011）。马林静等（2014），吴惠芳、饶静（2009），文华成（2014）使用SFA随机前沿生产函数，从劳动力非农转移视角分析劳动力非农转移对粮食生产效率的影响，结果表明农村劳动力非农转移、妇女化显著提高了粮食生产的技术效率，农业劳动力人力资本促进粮食生产效率的提高。彭代彦（2016）通过利用2000—2010年省级面板数据，采用超越对数随机前沿生产函数（SFA）测算了我国粮食生产效率，并进一步分析农村劳动力老龄化和妇女化对粮食生产效率是否产生阻碍作用，研究结果表明，我国粮食生产效率确实存在效率损失，但农村劳动力老龄化并没有降低粮食生产技术效率，且农村劳动力妇女化提高了我国粮食生产效率，得出这样的结论是由于在水稻生产过程中经验积累的贡献可能超过了体能下降的负面影响。李旻、赵连阁（2009）利用辽宁省2003—2006年农村固定观察点数据，通过研究农村老龄化劳动力对农业生产的影响，结果表明老龄化劳动力在技术应用和农业生产经营规模等方面不占优势，且不利于农业生产发展。陈锡文等（2011）得出同样的结论，并认为农村劳动力老龄化与劳动力转移导致了农业生产过程中农业劳动投入不足的现象，从而制约了农业生产。

第二类是自然因素对粮食生产效率的影响，包括自然灾害、气候和地形等自然因素。①自然灾害。自然灾害是影响农业收成的重要因素之一。自然灾害对粮食生产构成具有负面影响（罗万纯，2005；杨春，2009），但这也取决于地区特征、政府决策对自然灾害做出的及时反应所形成的"回弹效应"（周力、周应恒，2011）。刘涛（2012）在分析技术效率时发现自然灾害变量的引入直接影响到农业技术效率，并且是农业技术效率不高的主要动因，对粮食生产效率具有阻碍作用。②气候变化。当前气候变化对粮食生产效率的影响一直是热点话题，且业界普遍认为气候变化对粮食生产具有负面影响，但地域间影响程度存在差异。Lobell and Asner（2003）研究了美国作物生产期内气候温度变化对粮食作物的影响，发现气温升高对玉米和大豆的产量具有负面作用，气温的产出弹性为-17%。Rosegrant（2003）构建了包括气候变化与气候不变化的生产函数，研究结果发现，气候要素对粮食生产具有一定影响，但不同地域之间影响程度不同。石成玉（2015）认为气候变化影响水利条件，进一步提高耕地产出效率。尹朝静等（2016）则认为气候呈现倒U形波动特征，对粮食生产效率具有正反两方面影响。姜岩等（2015）使用1988—2010年数据，认为气候变化对生产效率存在年际差异，地区之间具有波动性，且不同月份对生产效率的影响也存在差异。③地形。地形对粮食生产的影响是地形的平整程度对粮食作物农机利用效率以及土地规模化的影响。地形越平整，越有利于实现规模化、机械化生产，反之则会受到限制。周晶等（2013）、郑旭媛等（2014）、钟若愚（2008）认为地形是造成农业机械化水平高低的主要因素，在影响农业机械化使用时，地形越平坦越会促进粮食生产效率。杨志武、钟甫宁（2010）研究还发现，地形条件会影响种植决策外部性，主要是由于地形条件会带来地形的集聚和分散，如丘陵山地有因地形条件会将农地分割成若干块，进而不易形成连片种植的可能。

除此之外，还有学者认为城镇化、环境污染（赵丽平等，2015；闵锐、李谷成，2013）、粮农个体特征（王阳，2014）、农村用电量（黄金波、周先波，2010）、能源（董莹、穆月英，2015）对粮食生产效率的影响均具有显著作用。可见，影响粮食生产效率的因素不仅包括农业生产投入要素，还包括经济因素、社会因素、环境因素等。

2.2.3 关于单要素生产效率的文献综述

单要素效率是指粮食生产过程中的投入要素生产效率，包括土地、劳动力和机械。农业生产资料的投入直接影响我国粮食产量和稳定。接下来分别对劳动力、土地和机械等单要素生产效率相关文献进行综述。

1. 关于劳动生产效率的文献综述

劳动生产效率是衡量经济效率的方法之一，也是反映一国或地区经济发展水平和国际竞争力的重要标志（赵文军，2015）。劳动生产效率的文献大致分为三种：一是劳动生产效率的发展趋势；二是制约劳动生产效率的因素；三是提升劳动生产效率的路径。

改革开放40多年来，我国劳动生产效率得到较大幅度提升，也意味着我国整体经济效率水平得到提高，并且我国目前应更加重视农业劳动生产效率（高帆，2008）。多数学者认为我国农业劳动生产效率不断上升，但地区间差异较大（薛国琴，2002；陈来、杨文举，2005）。赵文军（2015）运用DEA方法对我国各省（区、市）劳动生产效率变化进行分解，分解为技术效率变化、技术进步、物质资本深化和人力资本深化四部分，研究结果表明，我国各省（区、市）劳动生产效率都有较大幅度的提升，但各省（区、市）增长率存在差异，主要受技术进步、物质资本投入和劳动力资本的影响。汪小平（2007）利用1952—2003年的数据探讨中国农业劳动生产效率增长的特点和提高路径分析，研究结果揭示了中国农业劳动生产效率提高的路径是农业劳动投入增加—土地生产效率提高—农业劳动生产效率提高。

与此同时，学者进一步从不同角度分析我国省内劳动生产效率的制约因素。在影响劳动生产效率的因素中主要包括以下几个方面：首先，土地规模对劳动生产效率的影响。宋连久、孙养学（2009）利用1984—2005年数据对西藏的农业劳动生产效率进行分析并探究西藏农业劳动生产率的影响因素，发现人均耕地面积是影响劳动生产效率的关键因素。魏巍、李万明（2012）分析发现，人均耕地面积、土地生产率和制度安排是影响农业劳动生产效率的主要因素。冒佩华等（2015）建立一个基于农地经营决策模型，运用2013年21省（区、市）调研数据分析土地流转与农户家庭劳动生产效率的关系，结果表明转入土地的农户劳动生产效率和农业生产效率高于转出土地农户，未参与土地流转的农户劳动生产效率不变。其次，农业劳动力转移对劳动生产效率的影响。如薛国琴（2002），陈来、杨文举（2005）分别从定性和定量两方面分析农业劳动力转移对农业劳动生产效率的影响，结果表明农业劳动力转移对劳动生产效率具有促进作用。张宽等（2017）运用面板向量自回归模型对农业技术进步、农村劳动力转移和农业劳动生产效率之间进行实证分析，结果表明农业技术进步促进农村劳动力转移，农村劳动力转移又进一步促进农民收入和农业劳动生产效率提高。而劳动力转移又受劳动力成本影响，姚先国、曾国华（2012）利用1999—2007年劳动力成本数据分析其对劳动生产效率的影响，研究发现，劳动力成本与劳动生产效率呈显著正相关。最后，资源禀赋对农业劳动生产效率的影响。辛翔飞、刘晓昀（2007）对投入要素禀赋与农业劳动生产效率地区间差异进行了比较，并进一步验证不同资源禀赋对劳动生产效率的影响程度，研究发现要素禀赋仍然是我国不同地区劳动生产效率产生差异的重要因素，其中要素禀赋差异导致东西部地区农业劳动生产效率差异38.26%，东中部71.56%。李静、蒋长流（2014）对农业能源消耗与农业劳动力生产效率的关系进行分析。

除此之外，影响劳动生产效率的因素还包括城市规模（梁婧等，2015）、产业结构变迁、劳动力市场扭曲（杨天宇、姜秀芳，2015）、出口贸易（邵敏，2012）、人口集聚（陈心颖，2015）。可见影响劳动生产效率的因素不仅仅与农业投入要素有关，而且与社会经济发展和产业结构发展有关。

提高劳动生产效率的路径主要包括以下几个方面：第一，增加要素投入。汪小平（2007）研究发现，1952—2003年，农业投资每增长1%，农业劳动生产效率就提高0.76%，物质资料的投入对农业劳动生产效率的影响系数为0.5245且显著，生化产品的使用对产量影响速度加快，能在较短周期内有效地提高农业劳动力（张新伟等，2016）。高帆（2010）以上海为例论证结构转化和资本深化是农业劳动生产效率提高的路径。其他的一些研究也都证实资本要素投入能够促进农业劳动生产效率的增长（李谷成，2015；李静，2013）。第二，提高技术效率和促进技术进步。劳均资本、农村劳动力规模和劳动土地因素对我国农业劳动力生产效率地区差异的贡献逐渐减小，而技术效率和技术进步的贡献逐渐增大，平均贡献分别为27.4%和6.4%（章立等，2012）。第三，增加农业服务投入。中国农业生产性服务水平相对偏低。因此，进一步提高我国农业劳动生产效率，需要在农业金融、农业保险、农业营销、农业物流和农业机械融资服务等方面予以改进（朱明，2016）。第四，加大政府财政支持力度。财政支持对农业劳动生产效率有显著的正向影响，通过财政支持能够充分调动劳动者生产的积极性和热情，从而在一定程度上促进农业劳动生产效率的提高（张新伟等，2016）。第五，通过制度安排走规模化经营之路。人均土地规模、土地生产率和制度安排是影响农业劳动生产效率的主要因素，因此，通过制度安排推进规模化经营，提高农业技术水平和组织化程度是提升农业劳动生产效率的主要路径（魏巍、李万明，2012）。

2. 关于土地产出效率的文献综述

随着青壮年劳动力大量外出，农业劳动力老龄化、女性化成为普遍现象，小农户不再依赖"精耕细作"的农业生产作为收入主要来源，大农户采用规模化、粗放式经营模式（仇焕广等，2017）。在农业劳动供给和农业生产要素发生要素配置改变的背景下，我国土地生产效率将如何变化？不少学者从土地经营规模、地权稳定性（Chayanov，1970；陈锡文，2013；Wan and Chen，2001；Fleisher and Liu，1992；Kimhi，2006）、土地流转和土地细碎化（孙屹等，2014；Heltberg，1998）、地块质量（Bhalla and Roy，1988；Battese et al.，1977；Lamb，2003）、预期收益及贷款可获性（黄季焜等，2009）、雇工道德风险（Eswaran and Kotwal，1985）、产业关联和土地依赖性（施昱年，2016；Klenow，1997）、环境因素约束（梁流涛等，2016）、劳动力价格和非农收入（应瑞瑶、郑旭媛，2013）等方面对土地生产效率的影响做出了佐证。

其中，争论比较大的变量为土地规模，部分学者认为土地规模越大土地生产效率就越高，因为其有利于机械化作业。又有些学者持相反的观点，认为土地规模与土地生产效率表现出倒U形关系。如仇焕广等（2017）利用2015年全国4省调研数据研究发现，经营规模、地权稳定性与土地产出效率三者之间并非线性关系，而是表现出倒U形关系，主要体现在长时间来看土地规模的扩大会带来土地生产率的降低，该结果与 Battese and Corra（1977）结论一致。而吕炜等（2015）研究发现土地经营规模的扩大有利于大型机械使用效率的提升，进而与传统农业相比促进了土地生产效率。显然，农业经营规模与农业生产效率之间反向关系逐渐被弱化（仇焕广等，2017）。然而，对于土地细碎化对土地生产效率的影响，学者们得到了一致的结论，即土地细碎化导致土地产出率下降，严重阻碍了土地生产效率的提高（孙屹等，2014；黄贤金等，2001；谭淑豪等，2003）。

从土地属性来看，首先，在土地确权不断完善背景下，学者们纷纷对土地确权、地权稳定性对土地生产效率的影响进行实证研究，发现地权稳定性显著促进了土地生产效率的提高，地权不稳定会导致农户使用土地缺乏安全感，进而其长期投资的积极性下降，难以合理安排生产，便会带来要素配置效率的低下，最终导致土地产出效率的降低（姚洋，1998；辛良杰等，2009；仇焕广等，2017；黄祖辉等，2014）。其次，在土地流转背景下区分自由地和转入地产出效率，已有研究表明，农户对使用权稳定性的预期直接影响着农业生产资料的投入，如有机化肥等改善土壤的长期投资（Deininger and Jin，2006；郜亮亮等，2013），而不稳定的地权农户将会降低该地块未来的投资动力（俞海、黄季焜，2003），进而对土地生产效率产生影响。最后，在土地不同契约安排视角下，更加稳定的契约促进土地生产效率的提高。在土地流转过程中，一般属于口头契约或人情契约，但可能存在一定程度的变动，也意味着流转期限的不确定性，影响了地权稳定性，进而降低了土地的当期投资行为，对土地生产效率具有阻碍作用（Lovo，2016）。

3. 关于资本效率的文献综述

在农业生产要素中，土地、劳动力和资本为主要投入要素，而资本中机械又尤为关键，因此，本书对于资本效率的分析主要为机械投入效率的分析。在众多学者中，对于农业机械的研究主要集中在农机化贡献率研究（宗晓杰，2006）、农机化技术效率研究（张宗毅，2008）、农机化经营绩效研究（曹光乔等，2010；Paudel and Matsuoka，2009）、农机装备结构化研究（张宗毅、曹光乔，2017）等方面。而本部分主要对农机利用效率的发展趋势和农机利用的影响因素进行综述。

众所周知，农业机械化是推进农业现代化的重要途径和手段，但是对于农业机械化数量是供大于求较好，还是供小于求较好的问题，学者们进一步探讨了农机效率，以观测我国当前对农机的投资是否达到最优状态。农业机械使用效率是度量一定市场环境和生产条件下，固定数量的农业机械化投入实现农业生产达到的最大产出程度，或者在固定产出条件下所能实现最小农业机械投入的程度；全国层面看，全国农机总动力不断上涨，我国农机化效率处于不断上升趋势，但地域间存在不同的发展趋势（常青、张建华，2011；李卫等，2012；余世勇、王佳，2013；张传胜、张岳芳，2017），主要是由不同地区农机化发展目标和主要任务不同所导致的（张宗毅、曹光乔，2008）。1998—2010年全国农业机械化效率平均水平为37.83%，其中东部地区为35.58%，中部地区为32.65%，西部地区为57.46%。分地区看，吐尔逊·买买提（2017）通过聚类分析方法对新疆地区农业机械化效率进行聚类分析，将新疆农机化效率分为四组。李卫等（2012）利用1991—2009年农业投入与产出面板数据，采用随机分析方法对农业机械生产配置效率进行分析，结果表明全国农业机械生产配置效率为64.65%，呈现不断上升趋势；分地区看，东北地区农机配置效率最高，其余依次为华东地区、西南地区、华北地区、中南地区和西北地区。毛艺林（2016）利用河南省2009—2014年农机投入产出数据，利用DEA方法测算了河南省18个地区农业机械化效率水平，农业投入变量包括农业机械总动力、农用大中型拖拉机、小型手扶拖拉机、农用排灌动力机械、联合收割机、农田基本建设机械和农用运输车，而产出变量为机耕面积和机收面积，研究结果为河南省

6个地区处于弱有效水平，其余均为相对无效。刘涛（2016）利用EBM超函数方法对山东省2011—2013年农业机械化效率变动情况进行测算，研究结果表明山东省农业机械化纯技术效率总体上处于较高水平，且有不断增长趋势，各地区农业效率存在明显差异。

　　提高农业机械化水平一方面靠农业机械数量的增加，一方面靠农业机械的使用效率的提高（李卫等，2012）。关于影响农机使用效率因素又主要包括以下几个方面，已有文献关于农机利用的影响因素主要包括土地规模、土地经营权（杨义武、林万龙，2017），地形条件（周晶等，2013；杨敏丽、白人朴，2005），种植结构（张宗毅等，2009），农机所有权、机械作业水平、劳动力转移、农民家庭收入（吕小明等，2012），农机数量过多（刘涛，2016），耕地面积、山地面积（曹阳、胡继亮，2010），农机补贴（周晶等，2013），农机闲置时间（刘开顺，2016），农户家庭特征（刘玉梅等，2009）等。首先，影响农机利用的最主要因素为地形条件，周晶等（2013）利用1991—2011年湖北省面板数据分析了不同地形对农机区域发展的影响，研究发现地形条件对农业机械化水平区域差异的解释程度达到35%—50%。地形条件直接影响农业机械化水平的高低，该结论与郑文钟、何勇（2004），段亚莉等（2011）结论一致。其次，种植结构也是影响农机利用的重要因素之一，主要是由于种植作物不连片带来的无法联合种植和收割的问题，刘玉梅等（2009）分析了种植结构对农业机械化水平的影响，研究发现小麦的播种面积比重越高越有利于农业机械化生产作业。再次，农业补贴对农业机械化的发展具有促进作用，如曹光乔等（2010）利用江苏省水稻种植户调研数据分析农业补贴对农业机械化使用的影响，结果发现农机具购置补贴对农户购买农机行为存在促进作用，且购买比例不断上升，农业机械化服务市场的规模也在不断扩大。最后，人口资源禀赋也是影响农机使用效率的重要因素之一。如陈宝峰等（2005），纪月清、钟甫宁（2011）认为家庭农业劳动力数量对农业机械化水平的提高具有负向作用，其原因为家庭农业劳动力数量越多，农业机械对劳动力的替代程度就会下降，从而充裕的家庭农业劳动力将会导致农业机械化需求下降。劳动力非农就业对农业机械化水平具有促进作用（Krishnasreni and Thongsawatwong，2004），这也是由于粮食作物等大田作物中农业机械化能够较好地释放农业劳动力，并提高农机利用效率和粮食生产效率。

2.3 文献述评

农业生产集聚水平不断提高是未来农业现代化发展的必然趋势。以生产集聚为核心的相关研究，主要从生产集聚的测量、演变和趋势变迁、生产集聚影响因素、生产集聚与生产率、生产集聚与经济增长关系等角度的探讨，这也给本书研究的展开奠定了坚实的理论基础。以粮食生产效率为核心的相关研究从粮食生产效率的测算、发展趋势和影响粮食生产效率的因素等多方面进行了深入探讨。对单要素生产效率的研究主要围绕土地、劳动力和农业机械，以及影响单要素生产效率的因素等方面展开探讨。在生产集聚中，多数学者以种植业生产集聚发展趋势和作物间集聚差异为核心，较少学者也探讨了生产集聚对劳动生产效率、区域经济增长、技术采纳等方面的影响。

以上文献却忽视了以生产集聚为视角对粮食生产效率的影响，即使存在生产集聚对单要素效率的影响，但研究方法多数以当前产量与要素比值进行分析，在研究方法上学者们多数选取生产率作为衡量产出水平的变量，忽视了产出水平随时间变化带来的技术进步等因素的影响。同时，现有文献对粮食生产效率的研究较为丰富，对于提高生产效率的文献多是围绕要素投入、技术进步、技术效率、规模化以及政府补贴等。然而，怎样具体推进农业规模化经营、提高技术进步和技术效率，以及具体推进农业规模化经营、提高技术效率及促进技术进步才对提高粮食生产效率有效？现有研究没有进行详细、具体的探索。那么，本书尝试以统一的分析框架，选取随机前沿生产函数的研究方法，以生产集聚为视角，深入分析生产集聚的诱因，并将生产集聚变量纳入影响粮食生产效率模型中，分析生产集聚与粮食生产效率之间的影响机制，并建立相应的实证模型进行验证。同时进一步分析生产集聚对单要素生产效率的影响，以期在一定程度上丰富和完善该领域的研究。

2.4 本章小结

本章主要从概念界定、国内外文献现状及文献述评三个部分展开分析。概念界定部分，本书进一步阐述了集聚、产业集聚与生产集聚三者之间的区别和关系，同时对农业资源禀赋、生产效率、效率损失和单要素生产效率进行了界定；在文献综述部分梳理了当前国内外关于生产集聚与粮食生产效率的研究，并指出了现有文献的不足以及进一步的研究方向。

3 理论基础和分析框架

3.1 引言

本书通过第二章的文献述评初步确定了所要研究和关注的重点，即生产集聚水平的提高已经对粮食生产的各个方面产生影响，并且在不同地区之间产生差异。基于此必须充分了解影响生产集聚水平的相关理论，并用这些理论来分析生产集聚是如何作用于粮食生产，其内在机制又如何，只有这样才能更好地把握这一问题的本质。因此，本章在实证分析生产集聚与粮食生产的影响之前阐述生产集聚相关理论基础和全文分析框架，以便为之后的描述性统计分析和实证分析提供理论依据，使得后续的研究和政策建议更加具有理论依据性和针对性。

本章将重点阐述支撑本书理论的新经济地理学理论、资源优势论、马歇尔产业区位论和杜能农业区位理论等相关理论的具体观点和内容。随着农业现代化发展，生产集聚、集聚区已经成为农业现代化的重要标志。生产集聚是农业现代化发展的必然趋势，集聚效应带来了农业生产过程中各种资源的合理配置，发挥各地区资源优势，促进粮食生产踏上新的台阶。

本章安排如下：第一部分为引言；第二部分阐述生产集聚相关理论及内涵；第三部分将以第二部分的理论为基础，结合本书的具体内容阐述分析框架。

3.2 理论基础

3.2.1 新经济地理理论

新经济地理学理论是1991年由保罗·克鲁格曼提出，为空间经济学的研究指明了全新的方向，其成果是发表在《政治经济学》上的《经济地理与收益递增》。此理论是以新贸易理论为基础，限定在非完全竞争市场中，且在规模报酬递增的假设下，考虑到区位论中运输成本的因素，探讨地理与市场之间的关系，解释"报酬递增规律"对产业空间集聚的影响路径。该理论以数学模拟为基础，结合"冰山运输成本"的理念，在垄断竞争D-S模型下，构建出"中心—外围"（C-P）理论模型，用以研究集聚过程中的离心力与向心力，进而清晰地解释集聚是如何形成的。该理论模型假定了两个部门，一是规模报酬递增的工业部门，它处于中心区域；二是规模报酬不变的农业部门，它处于外围地带，主要体现生产要素、生产技术及中间投入品的使用效应，外部条件相同情况下的工业生产部门和农业生产部门，生产结构在不同的过程中发挥作用。

新经济地理学理论研究指出，金融外部性主要通过市场、生产成本及价格指数三个效应来影响产业地理集聚的C-P结构，在要素流动、资本积累及投入产出关联下产生需求与供给的循环累积因果机制。在D-S模型下，产业地理集聚机制主要是基于外部性的要素积累、要素流动和垂直关联机制。随着该理论的不断发展，这三种不同机制也随之发展并完善，以垂直关联机制为例，有学者构建基于企业家、资本和中心外围的模型，该类模型假定企业之间存在前后关联，除要素流动的因素外，产业关联也会引发产业地理集聚，在投入—产出关联性中，随着投入品供需增大，会导致厂商在一定区域内形成集聚效应。当要素流动及前后项关联的假设不能得到满足时，产业地理集聚的形成又要从哪个方面进行解释？有研究在模型中考虑研发活动，发现要素积累对产业地理集聚具有促进作用（Baldwin et al，1999），在此基础上，有学者提出资本创造模型（Capital Creative Model，CC），并假定资本和劳动力是不可流动的，在不存在前后关联效应的前提下，解释产业地理集聚主要是要素积累与本地市场效应互动而产生的（Baldwin et al，1999）。而在要素流动机制研究方面，也有很多经典模型，如资本流动模型（FC 模型）和劳动力流动模型（FL 模型），这两种模型在假设条件方面相差较大，前者假定资本能跨区域流动而劳动力不能，后者则假定中心和外围地区均分布为农业人口，而仅在制造业中存在劳动力流动的情况，虽假设不同，但模型均包含了驼峰状集聚租金和本地市场效应，在集聚产生原因方面，均承认生产要素的跨区域流动和本地市场效应对其产生重要的推动作用，而两者的区别则主要体现在 FL 模型具有内生非对称性和区位黏性等多重特征，在运输成本降低和收益递增的情况下，利于产业地理集聚形成，但在不存在要素或劳动力流动机制的国家或地区的产业地理集聚现象方面存在难以解释的问题，所以，在后续的研究中，考虑从其他的角度对其机制进行完善解释（Baldwin et al，2003）。

而对于技术外部性则主要存在两种不同观点，雅各布斯外部性（简称 Jacobs 外部性）和马歇尔—阿罗—罗默外部性（简称 MAR 外部性）。前者主要指行业差异化情况下的企业集聚现象，其效应一方面体现在企业间知识与技术的溢出，同时也体现在具有明显经济体间知识反馈的知识和技术溢出，互补性的知识和技术传播通过多样化的集聚作为其主要途径，对于多样化经济的发展，竞争加剧了知识和技术的溢出效应，城市多样化集聚的优势体现在学习和创新方面，从而在技术创新的同时也加速了知识及技能的积累与扩散（Lucas，1988）；后者主要是研究特定空间中，特定行业的生产集聚与企业间的知识或技术溢出作用之间的关系，其本质是以垄断的方式促进知识或技术的溢出。虽然两者的研究角度不同，MAR外部性主要阐述专业化作用，Jacobs外部性主要阐述多样化与差异化作用，但两者都一直认为产生集聚的根本原因是技术外部性，既有技术溢出也有知识溢出（梁琦，2004）。由于知识溢出与产业地理集聚之间存在着内生关系，可以借助一般均衡搜寻模型，利用其内生因果关系以全新的视角展开研究，异质性促进个体间的新知识与新思想的交换，进而通过人口集聚来推动产业活动的空间集聚，最终提高知识交换效率，而地理集聚也可以促进经济主体间思想交换，从而降低科学技术在商业中应用的成本。

综合以上理论基础，可以看出不同学者从不同的视角对产业地理集聚进行研究。传统的贸易理论，从比较优势的视角，考虑到资源禀赋的差异，阐述了产业地理集聚的内在机理；杜能农业区位理论则是从费用的视角，考虑到空间因素中运输费用的影响，认为农业生产中的利润最大化是建立在运输费用最小的情境下，地区集中的可能性最大；而新贸易理论和新经济地理理论则是从空间外部性的视角进行研究，预测经济体在经济地理模式发展中，供应方面的外部经济对产业地理集聚的影响，研究结果表明，市场潜力较大的地区对地理集聚具有积极的促进作用。

3.2.2 资源优势理论

资源禀赋（或者称生产要素投入禀赋）表示为每一国家或地区所拥有的各种生产要素，一般主要包括土地资源、劳动力资源和资本数量等，在数量上、质量上和时空分布上所呈现出的状态。而在国际贸易理论中，资源禀赋表示为一个国家或地区所拥有的各种生产要素相对于其他国家或地区的丰裕或匮乏程度。如果某国或某地区的某种生产要素（例如，劳动力）占全部生产资料比重较大，并且价格较低，与其他国家或地区相比较时，说明该国或地区该种生产资料相对丰裕。若与其他国家或地区相比，该国得到某种生产资料占全部生产资料的部分较小，则说明该种生产资料较为匮乏。

按照比较优势原则，该国或地区应该大力发展使用相对丰裕的生产要素的产业，并大量出口此类商品，而抑制甚至不发展相对匮乏的生产要素的产业，并大量进口此类商品，这也是经典的禀赋优势理论——"赫克歇尔—俄林定理"的基本精神。

西方经济理论关于资源禀赋与经济发展的影响总体上秉持着优势论调。威廉·配第关于"土地是财富之父、劳动是财富之母"的命题是对生产要素正向作用的经典论述，此后无论是萨伊的"三要素论"还是马歇尔的"四要素论"，只是扩展了生产要素的种类，仍然沿袭着农业传统，强调生产要素对于经济增长的促进作用。而真正将资源禀赋对于经济发展和国际竞争的优势作用阐释到极致的是国际分工和国际贸易理论。亚当·斯密的绝对优势理论和大卫·李嘉图的比较优势理论虽然都以劳动价值论为基础，从技术水平的绝对差异和相对差异角度来论证国际分工和国际贸易的基础和原则，但是他们所谓的技术水平差异实际上主要是产品的劳动生产率差异，而且亚当·斯密认为经济体的绝对优势来自自然优势和获得性优势，这种从生产要素条件找寻分工基础和竞争优势的思路恰恰佐证了资源禀赋对于经济发展的重要作用。瑞典经济学家赫克歇尔和俄林在李嘉图比较优势理论基础上发展起来的要素禀赋理论将资源禀赋对于经济发展的关键作用推向了极致，直接用资源要素的丰歉关系来解释国际贸易活动的发生动因和不同国家进口、出口商品的类型，奠定了现代国际贸易理论的基础。

3.2.3 马歇尔产业区理论

马歇尔是最早关注工业集聚现象的经济学家，其产业区位论建立在新古典经济学的框架下，以其完全竞争和规模报酬不变作为假定条件。在他的《经济学原理》中，他认为分工可以带来外部规模经济，而企业在区域内集聚的目的就是更好地获取外部经济带来的利益，由于规模报酬递增可以促进外部经济增长，进而吸引产业集聚。该外部性的本质为空间外部性，产生于经济活动者的空间接近过程（刘长全，2009）。其原因主要有以下四个方面：一是在劳动力市场上，一方面可以降低企业招聘劳动力的成本，另一方面劳动力的需求方和供给方都可以免受需求波动及经济不确定性的影响；二是可以提供可共用的专业化服务和投入品，有利于构建一个改善生产和经济增长的环境；三是知识及技术的外溢将促进创新，可以推动经济快速增长；四是可以为产业集聚提供便利的现代化设施，并不断完善。产业地理集聚的研究则是以空间外部性概念为基础进行的，有学者的研究指出随着流动性的增加，人们对产业地理集聚的内在机理解释慢慢由内部规模经济向外部转变（Gordon and Mc-cann，2000）。也有学者提出空间不可能定理，可以很好地解释空间外部性对经济活动的空间关联及空间布局的影响（Deininger，2006）。国内研究也认为如果自然禀赋因素不能合理解释产业地理集聚，则应该从空间外部性角度去考虑（梁琦，2004）。尽管各方从不同的视角和方法进行研究，但基本统一了研究观点，均承认产业集聚与空间外部性有紧密关联，解释产业地理集聚时，空间外部性是很重要的一个因素。

3.2.4 杜能农业区位理论

农业区位理论是1926年由德国农业经济学家杜能提出，区位是指社会、经济等活动在空间上所处的位置，而区位论则是一种关于该活动的空间分布及空间之间的关系的学说，《孤立国同农业和国民经济的关系》作为世界上第一部关于区位理论的学术著作，它的出版标志着农业区位论的诞生。农业区位理论主要讲述区位对土地利用情况的影响，城市区和农业区分别对应着"中心"与"外围"，两者之间的关系是逐渐过渡的。农业生产成本和收益受两者距离影响，所以这种状况会极大影响农业土地利用类型与农业土地经营集约程度。

农业区位理论的假设是农村分布于外围地区，唯一的中心地带是城市。城市具有双重身份，即工业品的供给者和农业品的需求者，而这双重身份均需要依靠马车这种运输方式来实现，所以在这个过程中，想追求利益最大化，需要考虑如何降低运输费用，这是农业生产者最关注的问题。我们可以从以下角度考虑：在农产品的生产销售过程中，成本主要为生产成本和运输成本，利润主要与销售价格有关，销售价格又由农业生产的方式和品种决定。因此，我们需要确定农业生产活动中利润与成本之间的关系。农业生产者每单位播种面积上获得的利润由生产成本（E）、市场价格（V）和运输费用（T）三者共同决定。可以用下式表示：

$$P = V - (E + T)$$

上式中，中心城市是农产品唯一的销售市场，所以其决定了农产品的销售价格，也就是说，农产品的价格在一段时期内是稳定的，可以保证各地同意农产品的投入固定，所以，利润剩下唯一的影响因素，即农产品的运输费用，若想最大化利润，则需要最小化运输费用。杜能农业区位理论最大的贡献在于，最优化土地利用格局，以期达到利润最大化的目标。杜能的研究发现，农户作为农产品的供给方，在完全竞争的市场环境下，没办法改变农产品的价格，在排除了价格因素后，生产成本和运输成本均受距离影响，在这种情况下，在与城市距离相同的农村中，农户的生产布局应该是相同的，与城市距离不同的农村才会有不同的种植决策，进而在空间上形成了一种由距离远近而带来的农产品类别差异化的圈层分布。因此，在杜能农业区位理论的框架中，土地地租和运输费用对农业生产布局的影响是非常大的，这为后续相关理论的研究提供了新的思路，但依旧忽略了外部因素的影响。

3.3　分析框架与研究假说

根据马歇尔的产业区位论可知，区域集聚的目的是获取外部规模经济带来的利益。正是规模报酬递增促进了外部经济增长，从而吸引了产业集聚。而农业产业集聚是一个动态过程，通过一系列的现象与路径逐步产生。农产品集聚的形成和产生可能是一个系统性过程，并且包括各个层面共同作用。本书从农业这一产业出发，分析农业生产集聚对我国粮食生产效率的影响。本书的总体理论框架如图3-1所示。

从图3-1中可知，本书将主要从三个主题进行研究，以农业生产集

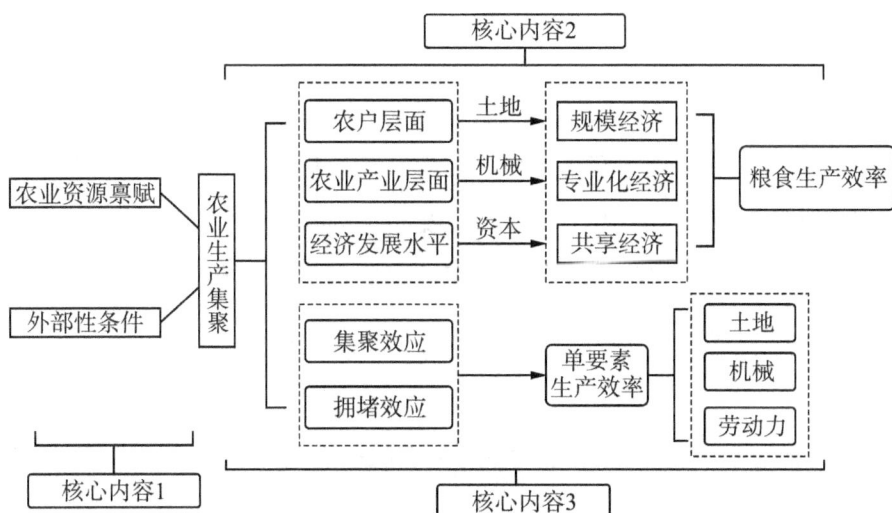

图3-1　全书理论分析框架

聚现象为核心,最终回答三个核心问题。

主题1:农业生产集聚的诱因。本书首先分析影响生产集聚的因素,即农业资源禀赋和外部性对生产集聚的制约或促进作用,对应图3-1中的核心问题1。

主题2:粮食生产效率。即随着生产集聚的不断提高,对我国粮食生产效率产生怎样的影响,又通过哪些路径产生影响?该问题关注三个层面,包括农户层面、农业产业层面和经济发展水平层面,反映了生产集聚对粮食生产效率的作用,对应图3-1中的核心问题2。

主题3:单要素生产效率。主题2探讨了生产集聚水平对总效率的影响,主题3进一步追问生产集聚对单要素生产效率是否产生影响。在生产集聚对粮食生产效率产生影响的基础上,进一步从生产聚集效应和拥堵效应两个角度探讨生产集聚对单要素生产效率(劳动力、耕地和机械)的作用机制,对应图3-1中的核心问题3。

综上,本书的研究框架主要以生产集聚水平为核心,围绕以上三个主题框架展开分析。

3.3.1 禀赋特征对生产集聚的理论机制与研究假说

随着我国工业化、城镇化发展,土地流转政策的实施,生产集聚水平的提高更多受到农业资源禀赋(要素禀赋)特征的制约,主要包括农业技术水平、农业劳动力、农业耕地数量等要素禀赋。

本书选用区位熵指数作为衡量生产集聚水平的核心概念。由生产集聚测度的区位熵指数可得出:

$$Agg_{ij} = \frac{y_{ij} / \sum_i y_{ij}}{\sum_i y_{ij} / \sum_i \sum_j y_{ij}} = \frac{y_{ij} \left(\sum_i \sum_j y_{ij} \right)}{\left(\sum_i y_{ij} \right) \left(\sum_j y_{ij} \right)} \tag{3.1}$$

式（3.1）中，Agg_{ij} 表示生产集聚水平，其中 i 表示省（区、市），j 表示不同作物。y_{ij} 是第 i 省（区、市）j 作物的产量，$\sum_i y_{ij}$ 是第 i 个省（区、市）农业总产量，$\sum_j y_{ij}$ 是第 j 个农作物全国总产量，$\sum_i \sum_j y_{ij}$ 是全国农业总产量。为进一步分析农业资源禀赋对生产集聚水平的影响，采用柯布道格拉斯扩展版生产函数来进一步检验两者之间的关系，公式如下：

$$y_{ij} = T_{ij} K_{ij}^{\alpha} L_{ij}^{\beta} A_{ij}^{\theta} E_{ij}^{\chi} R_{ij}^{\delta} I_{ij}^{\mu} \tag{3.2}$$

其中，y_{ij} 表示第 i 省（区、市）j 作物产量，其生产函数中包括农业技术 T_{ij}（用农业机械化来表示农业技术）、农业资本 K_{ij}、农业劳动力 L_{ij}、农业耕地面积 A_{ij}，除了资本、农业劳动力、农业技术外，影响作物产量的还包括农业人力资本 E_{ij}、交通基础设施 R_{ij}、经济开放程度 I_{ij}。

接下来，首先分析农业机械化水平对生产集聚水平的影响。通过计算生产集聚对农业机械化水平的偏导数来判断农业机械化对生产集聚的影响，主要公式如下：

$$\frac{\partial Agg_{ij}}{\partial T_{ij}} = \frac{\partial Agg_{ij}}{\partial y_{ij}} \cdot \frac{\partial y_{ij}}{\partial T_{ij}} \tag{3.3}$$

第一步计算：

$$\frac{\partial Agg_{ij}}{\partial y_{ij}} = \partial \left[\frac{y_{ij} \left(\sum_i \sum_j y_{ij} \right)}{\left(\sum_i y_{ij} \right) \left(\sum_j y_{ij} \right)} \right] \bigg/ \partial y_{ij} \tag{3.4}$$

为简化运算，令：$a = \sum_i y_{ij} - y_{ij}$，$b = \sum_j y_{ij} - y_{ij}$，$c = \sum_i \sum_j y_{ij} - y_{ij}$。公式整理后得：

$$\frac{\partial Agg_{ij}}{\partial y_{ij}} = \partial \left[\frac{y_{ij} \left(\sum_i \sum_j y_{ij} \right)}{\left(\sum_i y_{ij} \right) \left(\sum_j y_{ij} \right)} \right] \bigg/ \partial y_{ij} = \frac{(a+b-c) y_{ij}^2 + 2ab y_{ij} + abc}{(y_{ij}+a)^2 (y_{ij}+b)^2} \tag{3.5}$$

计算 $a+b-c<0$，由 $(a+b-c)y_{ij}^2+2aby_{ij}+abc=0$ 求出上式的解，而得出的两个解分别如下：

$$y_{ij}^* = \frac{ab+\sqrt{ab(c-a)(c-b)}}{c-a-b} \text{ 或 } y_{ij}^{**} = \frac{ab-\sqrt{ab(c-a)(c-b)}}{c-a-b} \quad (3.6)$$

由 $a+b-c<0$，得 $c-a>b$，$c-b>a$，$y_{ij}^{**} < \frac{ab-\sqrt{abba}}{c-a-b}=0$，舍去（因为 y_{ij} 非负）。因为式（3.4）得出了倒 U 形函数，因此，当 $0<y_{ij}<y_{ij}^*$ 时，$\frac{\partial AGG_{ij}}{\partial y_{ij}} \geq 0$；当 $y_{ij}>y_{ij}^*$ 时，$\frac{\partial AGG_{ij}}{\partial y_{ij}}<0$。

第二步计算：

$$\frac{\partial y_{ij}}{\partial T_{ij}} = T_{ij}K_{ij}^\alpha L_{ij}^\beta A_{ij}^\theta E_{ij}^\chi R_{ij}^\delta I_{ij}^\mu (\alpha T_{ij}^{\alpha-1}) > 0 \quad (3.7)$$

综合前两步得出结论：

$$当 0 < y_{ij} \leq \frac{\left(\sum_i y_{ij}-y_{ij}\right)\left(\sum_j y_{ij}-y_{ij}\right)+\sqrt{\left(\left(\sum_i y_{ij}-y_{ij}\right)\left(\sum_j y_{ij}-y_{ij}\right)\left(\sum_i\sum_j y_{ij}-\sum_i y_{ij}\right)-\left(\sum_i\sum_j y_{ij}-\sum_j y_{ij}\right)\right)}}{\sum_i\sum_j y_{ij}+y_{ij}-\sum_i y_{ij}-\sum_j y_{ij}} 时，$$

$\frac{\partial Agg_{ij}}{\partial T_{ij}} \geq 0$，此时，农业机械化水平对生产集聚具有促进作用。

$$当 y_{ij} > \frac{\left(\sum_i y_{ij}-y_{ij}\right)\left(\sum_j y_{ij}-y_{ij}\right)+\sqrt{\left(\left(\sum_i y_{ij}-y_{ij}\right)\left(\sum_j y_{ij}-y_{ij}\right)\left(\sum_i\sum_j y_{ij}-\sum_i y_{ij}\right)-\left(\sum_i\sum_j y_{ij}-\sum_j y_{ij}\right)\right)}}{\sum_i\sum_j y_{ij}+y_{ij}-\sum_i y_{ij}-\sum_j y_{ij}} 时，$$

$\frac{\partial Agg_{ij}}{\partial T_{ij}} < 0$，此时，农业机械化水平对生产集聚具有抑制作用。

类似对农业机械化的讨论，其他影响生产集聚的因素如农业资本 K_{ij}，农业劳动力 L_{ij}、农业耕地面积 A_{ij} 等对生产集聚也有类似影响。本书进而提出如下假说。

假说一： 农业资源禀赋中农业劳动力、农业资本存量、农业耕地资源和农业科技水平对生产集聚具有重要作用。

3.3.2 生产集聚对粮食生产效率的理论机制与研究假说

生产集聚对粮食生产效率的影响机制大致总结为以下三个层面：首先是农户层面，由于农产品的具体生产者是农户，其生产行为对生产集聚产生影响。其次是农业产业层面，主要体现在地方政府对地区禀赋特征的重视程度，进而影响农业产业和生产集聚水平的发展。最后是地区经济发展水平层面，地区经济发展水平较高时通过政策资金或资本支持来推进生产集聚发展。因此，这三方面的共同作用引起生产集聚，提升粮食生产效率，具体的影响路径如下。

1. 农户层面的内在规模经济（规模效应）

农户层面的内在规模经济是指农户通过土地流转等形式的土地规模化经营带来规模效应。随着工业化、城镇化发展，我国劳动力转移、土地流转政策实施，农户层面不断表现出土地流转，土地向少数人手中集中，进而农户层面产生土地不断集聚的现象。土地的集聚现象即规模化效应，生产集聚又通过规模化效应促进粮食生产效率。

具体路径体现在以下两个方面：一方面，生产集聚有利于土地规模化经营，土地规模化经营有利于降低亩均生产资料价格、亩均生产成本，进而提高粮食生产效率。另一方面，土地规模化经营有利于农业机械化的使用，提高耕种收综合机械化率，进而减少效率损失，提高粮食生产效率。

2. 农业产业层面产业化经济（专业化效应）

农业产业层面产业化经济是指农业产业专业分工等专业化效应。随着农业现代化发展，地方政府根据地区农业资源禀赋优势发展特色农业，如山东寿光蔬菜集聚区，东北粮食主产区等园区、功能区形式，进而形成生产集聚区。而生产集聚又反作用于农业生产，通过地方政府推进农业企业等服务组织形成，发挥当地农业资源优势，发挥优势产业，提供专业化服务，促进集聚经济和农业市场经济。生产集聚通过专业化效应促进粮食生产效率的提高。

具体路径又体现在以下两个方面：一方面，通过地区专业化、社会化等生产性服务组织，提高组织化程度，为农户提供农业生产某些环节的专业化机械作业，如耕种收机械化、病虫害统防统治、统一销售和烘干服务，降低农业生产平均成本，提高生产效率（周宏，2014）。另一方面，生产集聚通过共享劳动力市场、共享农业资源信息，优化农业劳动力资源配置、减少种植户搜寻成本、服务价格透明化，为粮食生产降低了生产成本，提高生产效率。

3. 经济发展层面共享经济（技术溢出效应）

经济发展层面共享经济是指农业技术溢出效应。随着经济发展水平的提高，在发达地区利用资本优势反哺农业。通过加大农业科研投入、提升农业科技水平和促进农业产业发展等方面的补贴性资本投入，带动地区农业技术优势，进而形成生产集聚。而生产集聚又反作用于农业生产，共享基础设施、共享科研成果和资本优势，促进粮食生产效率。

具体路径体现在以下两个方面：一方面，通过资本注入建设农业基础设施，进而共享基础设施促进农业生产的时效性和便利性，提高粮食生产效率。另一方面，当地农户或农业企业共享科研成果、促进技术进步，共享先进技术成果、带动当地农业向农业现代化转型，提高粮食生产效率。通过补贴性投入促进农业现代化进程，通过资金性投入降低农机企业生产成本，降低农业机械采购成本，间接降低农业生产资料成本，提高粮食生产效率。

假说二：生产集聚水平的上升能够通过农户层面集中连片等规模化经营方式、农业产业层面专业分工、经济发展水平层面资金扶持力度，促进粮食生产效率的提高。

3.3.3 生产集聚对单要素生产效率的理论机制与研究假说

由于粮食生产效率是衡量既定产出条件下全部投入要素可以减少的程度，却掩盖了各个要素之间的差异，对单个投入要素而言，单要素生产效率衡量的是要素可以减少的最大限度。所以本书有必要进一步探讨生产集聚水平的提高对单要素生产效率的影响，包括劳动力、土地和机械效率。

生产集聚与劳动生产效率的路径主要体现在：

集聚效应。首先，土地经营权的流转促进了生产集聚水平的提高，生产集聚水平的提高又进一步扩大土地规模，扩大单个农户的土地经营面积，降低人地比例关系，提高单位劳动力土地占有量，从而提高农业劳动生产效率。其次，生产集聚水平较高意味着该地区具有农业资源比较优势和较为透明的市场信息，提供较为优质的农业劳动力、农业现代化科技等服务，进而通过农业机械化较好地释放农业劳动力到非农部门，从而提高农业劳动生产效率。

拥堵效应。由于我国已经发生了大量农业劳动力转移，在生产集聚的初期，我国农业劳动力并未出现大量剩余现象，更贴切地说农业劳动力的转移促进了生产集聚水平的提高，而生产集聚水平的提高又进一步释放了大量劳动力，进而在动态的集聚过程中，一地区集聚水平的提高并未带来大量剩余劳动力和拥堵效应。

生产集聚与耕地利用效率的路径主要体现在：

集聚效应。首先，生产集聚通过规模效应促进土地规模不断扩大，有利于农机作业，减少农机作业时间、损耗和油耗，进而降低了亩均生产资料投入成本，提高单位面积产出水平，进一步提高了耕地利用效率。尤其水稻作物在抢种抢收时，随着土地规模的扩大，大型农机作业提高了耕地利用效率。其次，在市场效应下通过加速土地流转，将土地转移到合作社、家庭农场或种植大户手中，从而充分利用耕地资源，提高耕地利用效率。

拥堵效应。在生产集聚初期，农业耕地资源的集中连片，使得农业劳动力、农业机械化、基础设施等资源都未能较好地与之配套，将会阻碍作物生长，如在大规模土地上依然采用小型机械而错过抢种抢收最佳时机，带来的产量损失。进而在生产集聚初期可能对耕地利用效率产生阻碍作用，随着农业科技等农业现代化水平不断创新，农业配套设施的完善，生产集聚水平的提高将会带来土地利用效率的提升。

生产集聚水平与农业机械使用效率路径主要体现在：

集聚效应。一方面，随着土地经营权的快速流转，生产集聚水平的提高，土地规模的扩大有利于单位面积机械作业成本随地块面积增大而减少（吕挺等，2014）。另一方面，表现为农户层面自发组织的联合生产、联合收割等集体活动。从农机供给角度来看，联合生产减少了农机路程抵达成本，降低了不同地块间的时间损耗，提高了农机利用效率。市场信息透明化会进一步扩大农机服务市场的多元化发展，促进供需匹配，提高农机利用效率。

拥堵效应。与耕地利用效率相似，在生产集聚形成初期，短期内也可能表现为地区公共基础设施、道路交通设施和当地市场发展的滞后阻碍了农机利用，而长期来看，将有利于农机利用效率的提高。

假说三：生产集聚通过集聚效应促进单要素生产效率的提高。在集聚初期存在拥堵效应，生产集聚水平与劳动生产效率呈正向关系，对耕地利用效率和机械使用效率呈现先阻碍后促进的作用。

4 资源禀赋和生产集聚演变趋势及现状分析

4.1 引言

生产集聚水平的提高与农业资源禀赋优势息息相关，本章将利用国家宏观层面和省级面板数据对资源禀赋与生产集聚水平进行描述性统计分析，以期对近20年生产集聚水平与资源禀赋的变动情况有一个全面的宏观把握，并为政府相关政策的制定和实施提供参考依据。

本章的结构安排如下：第一部分为引言。第二部分阐述农业资源禀赋中的机械、土地和劳动力的变动趋势。首先，描述农业机械化发展趋势，包括农业机械化数量发展情况和农业机械化结构发展趋势。其次，描述了耕地资源变化情况，包括耕地数量变动特征和耕地质量变动特征。最后，描述了农村劳动力转移趋势，包括农业劳动力总体变动趋势和劳动力结构变化趋势。第三部分为生产集聚水平的发展趋势与演变特征。首先，从地区粮食作物总体集聚水平出发，利用基尼系数进行考察。其次，对生产集聚水平与区域分工关系进行讨论，利用区位熵指数和克鲁格曼指数考察粮食作物区域分工情况。再次，明确区域粮食生产的空间联系，采用空间自相关分析研究粮食作物空间关联性。第四部分为本章小结。

4.2 我国资源禀赋演变趋势及现状分析

4.2.1 农业机械化发展历程

农业机械化在农业发展过程中扮演着重要角色，接下来主要从农业机械化数量和结构两方面进行描述性统计分析。首先，农业机械化数量，描述了我国改革开放以来农业机械化的变动情况和地区间农业机械化数量差异。其次，农业机械化结构，描述了大型农业机械和小型农业机械数量的变动趋势和差异情况。

从总体来看，改革开放以来，我国农业机械化得到迅猛发展，这无疑得益于我国针对农业机械发展的扶持政策以及资本投入力度。首先，1980年以前，我国政府基本上实行对农业机械的财政拨款和专项贷款扶持政策，同时给予农机价格补贴、减税和平价柴油等政策。其次，得益于我国工业化、城镇化的发展，机械对劳动力表现出替代作用，进而释放了大量剩余劳动力。随着劳动力的外出，又进一步促进了机械化的发展。

1978年以来，我国农业机械总动力得到迅猛增长，由1978年的11749.9万千瓦上涨到2015年的111728.1万千瓦，上涨了8.51倍。根据（《第三次全国农业普查主要数据公报（第一号）》），截止到2016年末，全国共有拖拉机2690万台，耕整机513万台，旋耕机825万台，播种机652万台，水稻插秧机68万台，联合收割机4万台，机动脱粒机1031万台。

我国农业机械化发展历程大致可以分为三个阶段。

1978—1990年，全面实现农业机械化的目标阶段。1983年我国仍然处于计划经济时代，为保证农业机械化能够较快速普及，国家出台了一系列相关扶持政策，同时在这个时期，我国农民已经出现了自己购买农机的现象，在1983年《当前农村经济政策的若干问题》中明确指出农民自主购买、经营和使用农业机械从事生产或运输等行为。并且在这个阶段我国农业机械化总动力从1978年的11749.9万千瓦增长到1990年的28707.7万千瓦，增长了16957.8万千瓦，年均增长率达到34.7%。其中，大型机械总动力从1978年的1755.03万千瓦增长到1990年的2745.5万千瓦，增长了990.47万千瓦，年均增长率为16.1%。小型机械总动力从1978年的1171.22万千瓦增长到1990年的6231.4万千瓦，增长了5060.18万千瓦，年均增长率为74.6%。由于当时还是小农集体经济时代，因此小型机械增长速度远远超过大型机械增长速度。

1991—2003年，农机跨区作业出现。随着劳动力价格上涨，劳动力外出现象较为普遍，农业劳动力出现了季节性、区域性差异。进而推进农业机械化市场进程，出现全国性的跨地区作业现象。在此期间，我国农业机械化总动力从1991年的29388.6万千瓦上涨到2003年的60386.54万千瓦，上涨了105%。其中，小型机械总动力从1991年的6528.6万千瓦上涨到2003年的13060.16万千瓦，上涨了100%。大型机械总动力从1991年的2682.4万千瓦上涨到2003年的3229.83万千瓦，上涨了20%。在此阶段依然是小型机械上涨较为迅猛，这也是由当前我国农业生产依然以小农生产为主的形式所决定。

2004年至今，农业规模化、现代化发展阶段。随着土地流转政策的推进，促进农业生产规模化经营，在此阶段出现了大量家庭农场、合作社、种植大户等新型经营主体，促进了农业现代化发展，农业机械化发挥了重要作用。然而从图4-1可以看出，从2004年到2015年我国农业机械化总动力依然呈现上涨趋势，但2013年小型机械总动力出现了下降。从数据上来看，农业机械化总动力从2004年的64027.91万千瓦上涨到

2015年的111728.07万千瓦,上涨了74%。其中大型机械总动力从2004年的3713.09万千瓦上涨到2015年的19202.22万千瓦,上涨了417%。小型机械总动力从2004年的13855.41万千瓦上涨到2015年的16668.48万千瓦,上涨了20%。从数据上可以看出,在此阶段大型机械得到迅猛发展,这也是我国农业规模化、现代化发展的必然要求。可以看出,在2013年我国小型机械总动力已经表现出下降趋势,这也是由规模化经营过程中大型机械提高了农业机械作业效率、工作时间等特点决定的。

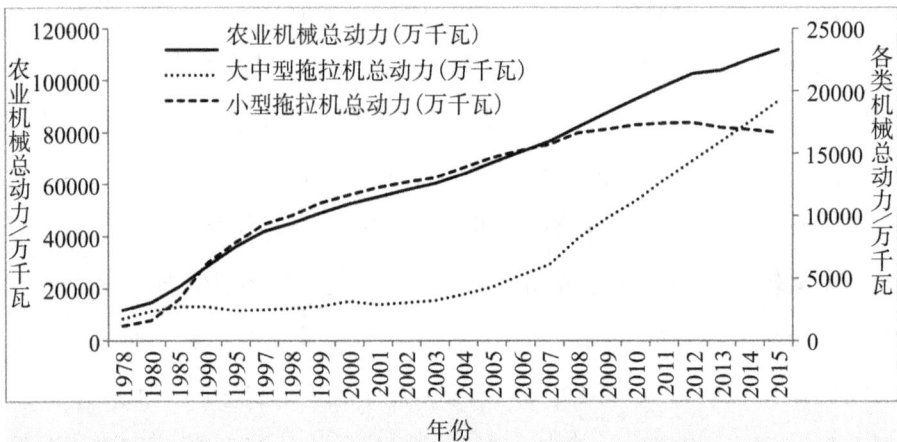

数据来源:根据1978—2015年《中国统计年鉴》数据统计整理。

图4-1　农业机械总动力及大小型机械总动力变化趋势

分不同农业机械类型来看,表4-1描述了2016年全国农用机械数量情况。截至2016年12月,全国共有拖拉机2690万台、耕整机513万台、旋耕机825万台、播种机652万台、水稻插秧机68万台、联合收割机114万台、机动脱粒机1031万台。可以看出,我国农用机械的需求在不断上升,且已初步进入农业机械化时代。

表4-1　2016年全国农用机械数量情况　　　　单位:万台

机械类型	拖拉机	耕整机	旋耕机	播种机	水稻插秧机	联合收割机	机动脱粒机
数量	2690	513	825	652	68	114	1031

数据来源:根据《第三次权全国农业普查数据（2016）》数据统计整理。

分地区看我国农业机械化发展情况。我国各地区农业机械总动力和大型机械总动力占比发展趋势表现出区域间差异。首先,各地区农业机械总动力变动趋势。从表4-2可以看出,我国农业机械化发展较快地区多为粮食主产区地区,1995—2015年我国各地区农业机械化上涨较快的五个地区依次为西藏、贵州、吉林、黑龙江和内蒙古,分别上涨了9.59倍、5.79倍、3.77倍、3.44倍和3.22倍。原因可能是,这些地区多是粮食主产区,耕地规模较大以及地势较平整,较易实行农业机械化生产和作业。其次,各地区大中型机械总动力占比。表4-2又列出了各地区大中型机械占比变动趋势,可以看出,大中型机械占比较多的五个地区为新疆、黑龙江、内蒙古、吉林和西藏,且这些地区大中型机械上涨速度也较快。

表4-2　各地区农业机械总动力及大型机械占比情况

地区	各地区农业机械总动力/万千瓦			大型机械总动力占比/%		
	1995年	2005年	2015年	1995年	2005年	2015年
北京	468.14	337.71	186.05	12.37	12.11	14.88
天津	532.45	611.94	546.92	7.10	7.10	12.84
河北	4336.44	8487.21	11102.81	2.77	4.31	10.50
山西	1359.6	2288.7	3351.65	6.47	5.58	14.20
内蒙古	902.47	1922	3805.11	15.32	11.77	45.26

续表

地区	各地区农业机械总动力/万千瓦			大型机械总动力占比/%		
	1995年	2005年	2015年	1995年	2005年	2015年
辽宁	1016.87	1918.05	2813.86	12.71	8.27	23.29
吉林	661.43	1471.3	3152.54	15.33	13.80	42.33
黑龙江	1226.1	2234.04	5442.29	27.13	25.91	49.26
上海	173.35	96.46	119.01	19.50	16.42	28.10
江苏	2226.95	3135.33	4825.49	3.96	4.88	17.88
浙江	1641.8	2111.27	2360.73	1.11	0.62	2.38
安徽	1835.98	3983.83	6580.99	1.98	3.01	15.18
福建	757.25	1000	1384.13	1.74	0.51	1.23
江西	663.08	1781.26	2260.82	3.76	1.34	3.76
山东	4016.47	9199.33	13353.02	8.00	7.83	15.14
河南	3115.39	7934.23	11710.08	5.46	4.62	14.00
湖北	1174.34	2057.37	4468.12	12.59	8.85	14.17
湖南	1532.54	3189.86	5894.06	1.32	0.87	6.90
广东	1669.6	1782.09	2696.79	1.43	1.49	4.06
广西	1075.4	1909.65	3803.18	3.74	3.02	5.23
海南	176.02	268.2069	511.59	5.00	7.61	19.16
四川	1595.78	2181.7	4404.55	1.26	1.61	7.52
贵州	379.11	1011.518	2575.15	6.49	4.67	4.16
云南	910.74	1666.05	3333.04	4.34	7.29	22.49
西藏	58.5	230.86	619.69	15.56	8.26	36.80
陕西	780.51	1406.27	2667.27	8.49	8.33	14.55
甘肃	748.02	1406.92	2684.95	7.27	4.06	14.93
青海	188.47	327.34	453.87	6.31	3.16	9.23

地区	各地区农业机械总动力/万千瓦			大型机械总动力占比/%		
	1995年	2005年	2015年	1995年	2005年	2015年
宁夏	241.46	555.1437	831.26	6.21	6.02	18.12
新疆	653.79	1116.25	2489.32	32.26	33.59	60.23

数据来源：根据《中国农业机械工业年鉴》历年数据整理所得。

注：由于重庆数据存在缺失现象，因此将重庆市删除。

4.2.2 农业机械化结构发展历程

我国农业机械化结构变动趋势。图4-2反映了改革开放以来，我国农业机械化结构变动趋势是大中型机械和配套农机具数量不断上涨，小型机械和配套农机具数量先上涨后下降。小型机械数量从1978年的137万台上升到2010年的1811万台，上涨了12倍，后逐渐出现了下降趋势，与2010年相比，2015年下降了108万台。同时小型配套农机具同小型机械数量出现类似情况，同样表现出先上升后下降的趋势。大中型配套农机具与农业生产情况表现出同步趋势，处于不断上升阶段。大中型

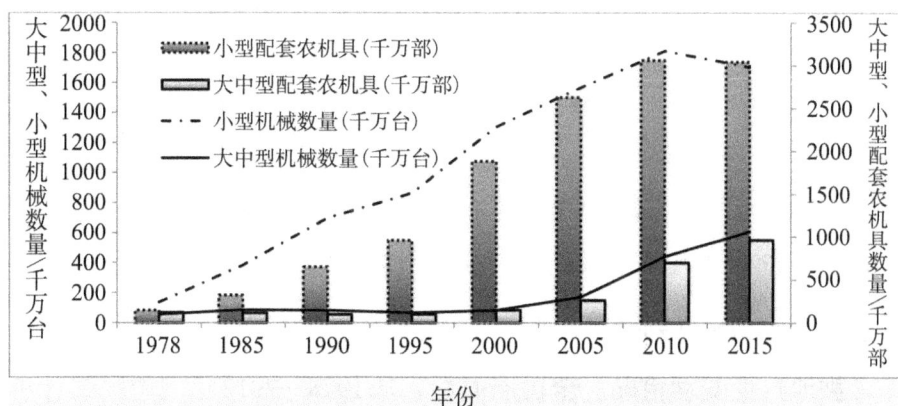

数据来源：《中国农业机械工业年鉴》历年数据整理所得。

图4-2　1978—2015年我国农业机械化结构变动情况

农机具从1978年到2015年上涨了9.89倍。出现这样的原因可能是农业出现了生产集聚现象，生产集聚有利于农户层面的规模经济，而农业生产规模化经营有利于机械化，更有利于大中型机械及配套设备的使用，造成小型机械及配套设备需求数量逐步减少的现象。

4.2.3 耕地资源变化情况

耕地是人类生产的基本资源和条件，是农业生产的重要生产资料。本节对耕地资源变化情况分析主要分为两部分。一部分分析耕地面积变动情况，包括耕地面积的变动和农村居民家庭经营耕地面积的变动情况。另一部分分析耕地质量变动情况，主要分析全国耕地质量等调查与评定的主要数据资料（见图4-3）。

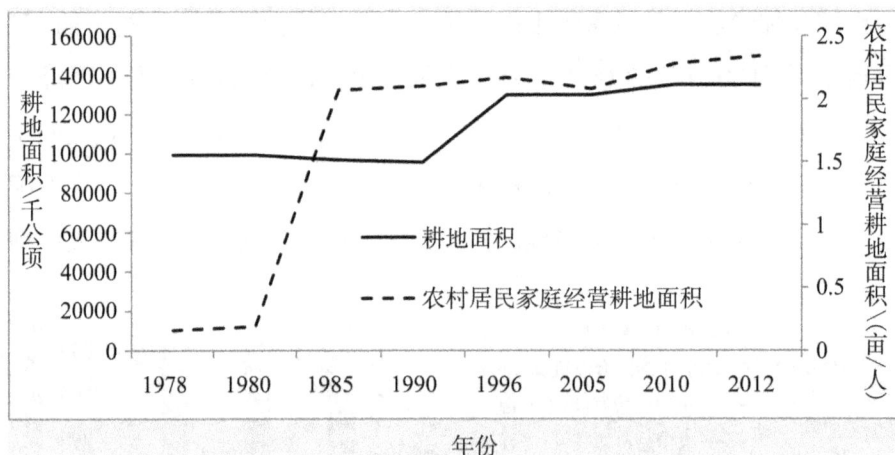

数据来源：作者根据《中国统计年鉴》历年数据统计整理所得。

图4-3　1978—2012年我国耕地面积及农村居民家庭经营耕地面积变动情况

1. 耕地数量变动特征

耕地数量变动情况。全国层面看，从1978—2012年《中国统计年鉴》的数据可以看出，我国耕地面积从1996年出现了跳跃现象。主要原因是1996年以前的数据是采用农业普查数据，而1996年以后数据来源于详查数据（汪涌，2008）。而多数学者认为1996年以前数据比实际数据小（梁书民，2005）。我国耕地面积从1996年的95672.9千公顷上升到2012年的135158.4千公顷，上涨了4%。其中，在2010年上涨到135268.3千公顷后开始出现下降趋势。我国《第三次全国农业普查数据（2016）》数据显示，2016年全国耕地面积134921千公顷。

农村居民家庭经营耕地面积变动情况。我国农村居民家庭经营耕地面积从1978年以来表现出不断上升的趋势，从1978年的每人0.16亩上升到2012年的每人2.34亩，上涨了14倍左右。其中1985年农村居民家庭经营耕地面积迅速上涨，7年间上涨到每人2.07亩，随后波动趋势变为平稳上涨，直到2012年上涨到每人2.34亩。出现这样的现象可能是因为改革开放以来第一次大规模劳动力外出带来的人均耕地规模上升，乡村劳动力出现了"离土又离乡"的进城热潮。

2. 耕地质量变动特征

从总体看，2016年国土资源部评定耕地面积为13507.2万公顷，全国耕地平均质量等别为9.96等，全国平均耕地等别为中等地级别。在表4-3中，1—4等列为优等地、5—8等列为高等地、9—12等列为中等地、13—15等列为低等地，这些耕地分别占我国总耕地面积的2.9%、26.59%、52.72%和17.79%。耕地质量等别是一种反映耕地生产能力的标准，可见我国耕地总体质量处于中等偏下水平。1—4等优等地主要位于湖北、广东和湖南。5—8等高等地主要分布于河南、江苏、山东、湖北、安徽、江西、广西、四川、广东、湖南、河北、浙江。9—12等中等地主要分布于黑龙江、吉林、云南、辽宁、四川、新疆、贵州、安徽、河北和山东。13—15等低等地主要分布于内蒙古、甘肃、河北、陕西等地。

表4-3　全国耕地质量等级面积及所占比例①

等别	面积/万公顷	比例/%
1	44.33	0.33
2	59.27	0.44
3	114.08	0.85
4	172.24	1.28
5	366.41	2.72
6	886.55	6.59
7	1142.72	8.49
8	1183.88	8.79
9	1400.19	10.4
10	1773.99	13.18
11	2032.52	15.1
12	1890.79	14.04
13	1126.75	8.37
14	766.91	5.7
15	501.77	3.73
合计	13462.4	100.0

数据来源：根据《2016年全国耕地质量等别更新评价主要数据成果的公告》整理所得。

4.2.4 农村劳动力转移趋势

农村劳动力转移趋势主要从两个方面进行描述性统计分析。第一方面是我国改革开放以来农村劳动力转移的总体变动趋势，分别从总体趋

---

① 注:全国耕地评定为15个等别，1为等别最好，15为等别最差。

势和区域间流动差异两个层面进行阐述；第二方面是描述农村劳动力结构性转移变动趋势，主要描述改革开放以来我国劳动力转移结构的变动趋势，包括乡村从业人员、乡村男性从业人员、乡村女性从业人员和女性化程度等情况。

1. 农村劳动力总体趋势变动情况

从总体来看，随着改革开放、工业化、城镇化发展，我国大量农村劳动力不断向城市转移，不断向收入较高非农部门转移。我国乡村劳动力转移，在1978—2012①年的34年间乡村非农劳动力数量从2182万人增加到26825.63万人，增长了11.29倍。乡村劳动力非农就业比例从7.1%上升到49.81%，上升42.71个百分点。从改革开放至今乡村劳动力转移趋势大致可以分为以下几个阶段（见表4-4）。

1978—1983年，农村劳动力离土不离乡阶段。在改革开放初期，我国经济体恢复经济发展阶段。同时农村经济体制正处于改革阶段，农村联产承包责任制的出台，是农村土地制度的一项重大转折。从1949年后的土地制度改革到农村合作化土地改革再到家庭联产承包责任制，农村劳动力得到解放，农业劳动积极性得到提高，农村出现了大量闲置劳动力、剩余劳动力。家庭联产承包责任制的施行，解放了农村生产力，提高了粮食生产总量。改革开放使城市经济发生变革，国家开始推动周边乡镇企业解决农村劳动力就业问题，虽然农村劳动力进城务工受到户籍制度限制，但非农就业比例依然得到小幅度提高，非农劳动力数量从1978年的2182.4万人上升到1983年的3044.9万人，乡村劳动力非农就业比例从7.12%上升到8.78%。

---

① 注：由于统计年鉴中乡村男性、女性从业人员数只统计到2012年，因此本节数据统计到2012年。

表4-4 1978—2014年全国乡村劳动力转移数量及非农就业比例情况

年份	乡村劳动力数量/万人	农业劳动力数量/万人	非农业劳动力数量/万人	乡村劳动力非农就业比例/%
1978	30638.00	28455.60	2182.40	7.12
1983	34690.00	31645.10	3044.90	8.78
1984	35967.60	31685.00	4282.60	11.91
1990	42009.50	33336.40	8673.10	20.65
1991	43092.50	34186.30	8906.20	20.67
1992	43801.60	34037.00	9764.60	22.29
1997	46234.30	32677.89	13556.41	29.32
1998	46432.30	32626.40	13805.90	29.73
1999	46896.49	32911.76	13984.73	29.82
2000	47962.14	32797.50	15164.64	31.62
2001	48228.94	32451.01	15777.93	32.71
2002	48526.85	31990.58	16536.27	34.08
2003	48971.02	31259.63	17711.39	36.17
2004	49695.28	30596.00	19099.28	38.43
2005	50387.26	29975.54	20411.72	40.51
2006	50976.81	29418.41	21558.40	42.29
2007	51435.74	28640.68	22795.06	44.32
2008	52025.64	28363.60	23662.04	45.48
2009	52599.30	28065.26	24534.04	46.64
2010	53243.93	27694.77	25549.16	47.99
2011	53685.44	27355.42	26330.02	49.04
2012	53857.88	27032.25	26825.63	49.81

资料来源：根据《中国统计年鉴》历年数据整理获得。

注：农业劳动力数量是指乡村农林牧副渔从业人员数量；非农劳动力数量=乡村劳动力数量-农业劳动力数量；非农就业比例=非农劳动力数量/农业劳动力数量。

1984—1991年，农村劳动力"离土又离乡"萌芽阶段。伴随着城镇化的发展，国有企业进一步改革，同时大力鼓励民营企业、外资企业进驻广大城镇地区，城镇吸纳大量农业劳动力进城务工，中国农村居民进入民工进城大潮。在此阶段，国家允许农村劳动力合理流动，使农村劳动力不因户籍限制而无法进城务工，同时放宽了农村劳动力跨省、跨区流动限制。在这样政策下，我国农村劳动力进城得到进一步发展，非农劳动力数量从1984年4282.6万人上升到1991年8906.2万人，上升了1.07倍。农村劳动力非农就业比例从1984年的11.91%上升到1991年的20.67%。但可以发现，1990—1991年非农劳动力数量和非农就业比例上升速度滞缓，造成这样的原因可能是1989年的经济增速放缓和大量农村劳动力转移带来的交通运输、劳务纠纷等问题，国家开始逐步对乡村劳动力转移增加管制，进而在1990—1991年出现了非农劳动力数量和非农就业比例增速滞缓。

1992—2000年，农村劳动力"离土又离乡"阶段。在该阶段出现了针对乡村劳动力的流动人口就业证、暂住证等就业政策。随着社会主义市场经济的发展，明确社会主义市场经济总体目标，扩大城镇化、工业化进程必然带来城镇大量企业、工厂扩大市场规模，进而带来巨大就业空缺，进一步吸纳大量乡村劳动力。在此阶段非农劳动力数量从1992年的9764.6万人上升到2000年的15164.64万人，增加了5400万人。乡村劳动力非农就业比例从1992年的22.29%上升到2000年的31.62%。

2001—2007年，城乡一体化发展重要时期。该阶段破除二元体制，国家政策由限制进入到主动转变阶段，社会普遍意识到农村劳动力文化水平的重要性，转移政策也逐步从限制变为更加公平。随着工业化、城镇化发展，农业剩余劳动力得到有序流转，农业劳动力数量有所下降，从2001年的32451.01万人下降到2007年的28640.68万人，减少了3810.33万人。非农就业比例持续上升，从2001年的32.71%上升到2007

71

年的44.32%。

2008年至今,自由发展阶段。该阶段政府依然大力鼓励农村劳动力向城市转移,不给予任何限制,任其自由流动。2008年发生了全球金融危机,非农劳动力出现了小幅度回流,非农劳动力就业比例缓慢上升,从2007年的44.32%上升到2012年的49.81%。随着劳动力的转移,我国乡村劳动力数量持续下降,非农劳动力数量持续上涨,非农就业比例缓慢上涨。然而,随着我国农业现代化发展,土地流转市场的推进,农业新型经营主体的发展,促进了土地规模化经营。又由于我国应对全球金融危机政策的出台,我国劳动力再次出现不断向城市转移趋势,2011年我国非农劳动力出现了上升趋势,从2010年的25549.16万人上升到2012年的26825.63万人,上升了1276.47万人,上升了5%。非农就业比例从2010年的47.99%上升到2015年的49.81%。

从各地区乡村劳动力非农就业比例来看,乡村劳动力非农就业比例较高的地区同样表现出向经济水平较高的和沿海的地区发展。2012年乡村劳动力非农就业比例占50%以上的分别为北京、天津、河北、上海、江苏、浙江、安徽、福建、江西、山东、湖北和广东等地区,这些地区具有较强吸纳剩余农村劳动力的能力,且这些地区劳动力流动性较强(见表4-5)。

表4-5   1978—2012年全国乡村非农业劳动力数量和
乡村劳动力非农就业比例情况

地区	乡村非农劳动力数量/万人					乡村劳动力非农就业比例/%				
	1978年	1988年	1998年	2008年	2012年	1978年	1988年	1998年	2008年	2012年
北京	20	108	93	259	285	12.49	57.24	57.95	80.76	83.52
天津	15	85	94	110	124	9.78	49.56	54.10	59.07	63.09

地区	乡村非农劳动力数量/万人					乡村劳动力非农就业比例/%				
	1978年	1988年	1998年	2008年	2012年	1978年	1988年	1998年	2008年	2012年
河北	194	582	1001	1417	1604	11.21	26.12	37.96	48.94	53.04
山西	74	260	330	437	497	10.68	30.81	34.01	40.66	43.69
内蒙古	16	62	95	162	189	6.91	11.87	15.57	23.48	25.52
辽宁	81	249	300	502	558	11.20	30.02	32.17	43.14	45.8
吉林	38	82	99	220	248	9.68	14.26	16.11	30.98	32.96
黑龙江	46	72	144	288	321	10.39	14.74	15.92	29.84	32.49
上海	66	176	147	164	143	23.86	68.81	65.82	77.49	76.06
江苏	223	1116	1204	1761	1825	9.87	40.79	44.02	66.27	69.63
浙江	64	727	994	1638	1777	4.35	36.57	47.40	71.08	74.66
安徽	55	363	725	1421	1608	3.50	16.74	26.66	47.16	52.31
福建	32	218	424	721	809	4.44	22.73	35.28	53.12	56.8
江西	36	241	468	818	975	3.99	18.25	30.35	47.97	53.97
山东	246	830	1109	1957	2139	9.61	25.72	30.84	49.56	52.28
河南	133	576	1127	2022	2294	5.59	17.94	27.71	41.61	46.76
湖北	114	352	538	1083	1374	7.74	20.29	30.36	52.10	60.81
湖南	116	358	724	1171	1340	6.03	14.50	25.98	38.41	41.91
广东	162	691	1125	1789	2130	8.46	30.73	42.72	53.77	60.75
广西	74	155	464	771	863	6.08	9.22	22.44	33.45	35.55
海南	10	26	40	74	87	7.24	14.32	19.07	26.79	28.99
四川	191	661	1018	1730	1880	5.38	14.12	26.57	44.22	47.62
贵州	31	102	294	804	1012	3.47	8.06	17.49	40.09	47.19

续表

地区	乡村非农劳动力数量/万人					乡村劳动力非农就业比例/%				
	1978年	1988年	1998年	2008年	2012年	1978年	1988年	1998年	2008年	2012年
云南	53	141	247	454	568	4.84	9.01	12.93	21.47	25.97
西藏	1	5	8	27	36	0.78	5.49	8.41	23.28	28.02
陕西	58	192	308	547	647	6.86	16.92	22.75	37.77	45.05
甘肃	32	130	223	374	424	5.89	16.59	24.58	33.97	37.83
青海	2	16	24	73	88	1.54	12.44	14.90	37.75	43.42
宁夏	6	17	35	86	94	6.23	12.75	19.09	39.19	43.78
新疆	5	22	33	77	107	2.03	7.73	9.65	17.69	20.38

资料来源：《中国统计年鉴》历年数据整理获得。

注：乡村劳动力数量是指乡村农林牧副渔从业人员数量；非农劳动力数量=乡村劳动力数量-农业劳动力数量；非农就业比例=非农劳动力数量/农业劳动力数量；由于重庆数据存在缺失现象，因此将重庆市删除。

改革开放至今，随着工业化、城镇化的发展，我国经济水平得到显著提高，农业劳动力大量向非农部门转移，理论上讲，对农业生产将产生一定的影响。但从数据中不难发现，2012年我国农业劳动力数量27032.25万人，与1978年的21919万人相比仅增长5113.25万人，而我国农业发展速度较快，是什么影响农业生产？接下来从劳动力结构角度分析农业劳动力的变动情况，分别从农业劳动力性别结构和年龄结构两个方面入手。

2. 劳动力结构变化趋势

农业劳动力人员性别结构变动情况。从表4-6数据看出，改革开放以来，我国乡村劳动力从业结构并未表现出农业劳动力女性化趋势。从

表4-6可以看出，1978—2012年的34年间我国乡村农业从业人员女性化程度一直保持在45%—47%，女性化程度占比处于稳定缓慢增长趋势，且34年增长幅度不到1个百分点。根据2017年《第三次全国农业普查主要数据公报（第一号）》显示，2016年底，全国农业生产经营人员31422万人，其中女性14927万人，占农业生产经营人员总数的47.5%。其中，东部地区、中部地区、西部地区和东北地区男性农业生产经营人员占比分别为52.4%、52.6%、52.1%和54.3%，女性农业生产经营者人员占比分别为47.6%、47.4%、47.9%和45.7%，可以看出，我国农业劳动力女性占比呈缓慢上涨的趋势，但未表现出很强烈的农业劳动力女性化特征。

农业劳动力年龄结构变动情况。根据2017年《第三次全国农业普查主要数据公报（第一号）》显示，2016年底，在农业生产经营人员中，年龄在35岁及以下的有6023万人，年龄在36—54岁之间的有14848万人，年龄在55岁以上的有10551万人。分地区的年龄结构可以看出，年龄在35岁以下的农业生产经营人员在西部地区所占比重最高，占到21.9%。年龄在36—54岁的农业生产经营人员中东北地区所占比重最高，占到49.8%。年龄在55岁及以上的农业生产经营人员中东部地区所占比重最高，占到37.9%。国际劳工组织把年龄在54岁以上的农业劳动者定义为老年劳动人口，而我国55周岁以上人口占到农业总劳动力的33.5%，表明我国农业劳动力老龄化较为严重，且东部地区老龄化最为严重，占到全国老年劳动力人数的37.9%，其次为中部地区和东北部地区，占比分别为34.3%和32.6%，最低的为西部地区，老年劳动力占比为29.5%（见表4-7）。

表4-6 1978—2012年乡村劳动力从业结构情况

年份	乡村劳动力数量/万人	乡村男性劳动力数量/万人	乡村女性劳动力数量/万人	女性化程度/%
1978	30638	16548.4	14089.6	45.99
1983	34689.8	18946.5	15743.3	45.38
1988	40066.7	21727.7	18339	45.77
1993	44255.75	23653.15	20602.6	46.55
1998	46432.3	24733.1	21699.2	46.73
2003	48971.02	26121.04	22849.98	46.66
2004	49695.28	26525.77	23169.51	46.62
2005	50387.26	26930.55	23456.71	46.55
2006	50976.81	27293.04	23683.77	46.46
2007	51435.74	27508.06	23927.68	46.52
2008	52025.65	27834.9	24190.75	46.50
2009	52599.3	28186.33	24412.97	46.41
2010	53243.94	28573.55	24670.39	46.33
2011	53685.43	28752.05	24933.38	46.44
2012	53856.91	28847	25009.91	46.44

数据来源：根据《中国统计年鉴》历年数据整理获得。

表4-7 2016年农业劳动力年龄构成情况   单位:%

年龄层	全国	东部地区	中部地区	西部地区	东北地区
35岁以下	19.2	17.6	18	21.9	17.6
36–54岁	47.3	44.5	47.7	48.6	49.8
55岁以上	33.5	37.9	34.3	29.5	32.6

数据来源：根据《第三次全国农业普查主要数据公报（第一号）》数据统计整理。

4.3 我国生产集聚现状与发展演变趋势

4.3.1 研究方法

在生产集聚中，为对我国粮食作物生产集聚程度有更清晰的了解，本书对生产集聚水平、生产集聚特征和演变规律进行深入探讨。在已有文献中，较多学者采用生产集中度（伍山林，2000；罗万纯、陈永福，2005；钟甫宁、胡雪枝，2008）、区位熵指数（吕超、周应恒，2011）、空间基尼系数（陈伟莲等，2009；李二玲等，2012），以上指数各有优势。本书主要选取区位熵指数作为核心方法。但考虑到指标的适应性和相应数据的可得性，本书选取区位基尼系数用于衡量全国层面生产集聚水平；选用产业集中率作为衡量地区层面该行业整体的集聚水平；选用空间自相关指数分析农业生产是否存在空间依赖型；进而对我国粮食作物生产集聚的时空特征及其变化趋势进行深入和系统的考察。

1. 空间基尼系数（CINI）

生产集聚表现的是一种农业生产分布不均衡的现象。由于受到各省（区、市）、各城市数据的限制，因此本书采用基尼系数来测度我国总体上的农业生产粮食作物区位集聚程度。具体计算公式是：

$$CINI_j = \frac{1}{2m^2\mu} \sum_{k=1}^{m} \sum_{h=1}^{m} \left| x_k^j - x_h^j \right| \tag{4.1}$$

式（4.1）中，$CINI_j$ 为粮食作物基尼系数，$j=0$，1，2，3，分别表示粮食作物、谷物作物、豆类作物和薯类作物。其中，m 表示省（区、市）数量；k 和 h 分别表示不同的省（区、市）；μ 表示粮食作物或某个种类作物在各省（区、市）的平均份额；x_k^j、x_h^j 表示 k 地区或 h 地区的粮食作物、谷物作物、豆类作物和薯类作物的产量占全国粮食作物或某种类作物总产量的比重。粮食作物区位基尼系数的取值在[0，1]之间，数值越小表明粮食作物分布越趋于分散，数值越大表明粮食作物分布越趋于集中或集聚。

2. 地区平均集聚率（V）

地区平均集聚率可以从地区路径反映地区内该行业整体集聚水平。本书借用该指标对地区种植业的平均集聚特征进行考察，其计算公式为：

$$V_i = \frac{\sum_{k=1}^{m} r_i^k}{m} \tag{4.2}$$

式（4.2）中，i代表省（区、市），V_i代表省（区、市）中各作物的平均生产集聚率。r代表i省（区、市）中k作物的播种面积占全国k作物总播种面积的份额。m表示i省（区、市）当年的主要作物的产业种类数。V_i的取值范围在[0，1]，取值越靠近1，则说明i省（区、市）的种植业拥有更高的平均占有额，对应着更高的生产集聚水平。由于农业生产弱质性特点，受气候环境影响波动较大，以及数据可得性和一致性，本书选取各作物播种面积来测算各指标值。

3. 区位熵指数（Agg）

区位熵指数通过衡量各地区的要素分布状况来反映集聚及专业化程度。通过测度某省农作物i的区位熵指数，如果生产集聚仅集中在我国少数省（区、市），则说明该作物在该省（区、市）是相对集聚且专业化较高。如果生产集聚在各省（区、市）之间差距不大则说明该作物的分布是相对分散的。其计算公式如下：

$$Agg_i = \frac{E_i/E_t}{A_i/A_t} \tag{4.3}$$

式（4.3）中Agg_i表示某省（区、市）粮食作物i的区位熵指数；E_i为第

i省（区、市）粮食作物播种面积，E_t为全国农作物播种面积；A_i为全国粮食作物播种面积，A_t为全国农作物播种面积。当$Agg_i > 1$，表示该省（区、市）粮食作物生产集聚水平高于全国平均水平；当$Agg_i = 1$，表示该省（区、市）粮食作物集聚水平与全国平均水平相同，该产业占据比较优势地位；当$Agg_i < 1$，表示粮食作物集聚水平低于全国平均水平。

4. 空间自相关分析（I）

根据地理学第一定律，任何事物之间均存在地理空间上的联系，而这种联系的紧密程度与空间距离相关，且随距离的增加联系程度不断降低，当变量在空间上表现出一定规律性而不呈随机分布时，则该变量存在空间自相关（刘湘南等，2008）。目前，空间自相关分析多集中在地区间的空间差异与联系，各种资源空间分布特征、空间自相关及影响因素的空间自回归分析等方面。

空间自相关分析包括全局和局部空间自相关。全局Moran's指数考察空间自相关关系，判断农业生产在空间上是否存在集聚特性，以进一步明确生产集聚的空间分布格局。因此，全局Moran's指数的计算公式为：

$$I = \frac{n\sum\limits_{i=1}^{n}\sum\limits_{j=1}^{n}W_{ij}(X_i - \bar{X})(X_j - \bar{X})}{\sum\limits_{i=1}^{n}\sum\limits_{j=1}^{n}W_{ij}\sum\limits_{i=1}^{n}(X_i - \bar{X})^2} \tag{4.4}$$

式（4.4）中，n为省级单元的个数；当i省（区、市）与j省（区、市）相邻时，权重W_{ij}取1，否则取0。当I值为正时，表明在相邻或相近地区种植业产量存在空间分布上的相似性，即存在地理集聚现象；当I值为负时，表明在相邻或相近地区种植业产量不存在空间分布上的相似性或者相似性产业不在相邻或相近地区集聚，趋于分散分布。

局部空间自相关（LISA）。全局空间自相关忽略了空间过程潜在不稳定性，可以进行局部空间自相关分析来反映整个大区域中，i种种植业的产量与相邻地区是否存在产量的高值集聚或低值集聚。局部Moran's

指数的公式为：

$$I_i = \frac{(x_i - \bar{X})}{S^2} \sum_j W_{ij}(x_j - \bar{x}) \qquad (4.5)$$

式（4.5）中，S 表示各省（区、市）种植业产量的标准差，其余参数含义同式（4.2），Moran's 散点图是将各地区的属性值以及对应的"空间滞后"属性值数对用二维矩阵图进行描述，其中横轴对应各地区的属性变量值，纵轴对应空间滞后值。Moran's 散点图落在四个象限中，处于第一象限的地区表示该地区和邻近地区都为高水平地区，即呈现"高—高集聚"的特征；第三象限的地区表示该地区和邻近地区都为低水平地区，即呈现"低—低集聚"的特征，而二四象限中地区则分别对应着"低—高集聚"和"高—低集聚"的地区。而这些生产集聚特征是否具有统计学意义则要根据局部 Moran's 值的显著性水平来判断。描述各地区之间生产集聚特征及其显著性可以用地图进行直观呈现，对 Moran's 散点图起到补充说明的作用。

4.3.2 我国粮食作物生产集聚历史演变趋势

全国层面看粮食作物生产集聚水平。通过使用空间基尼系数的计算方法测算 1996—2015 年的 20 年我国 31 个省（区、市）粮食作物生产集聚水平发展趋势，不难发现，从整体看我国粮食作物生产集聚水平总体上处于上升趋势。从 1996 年的 0.3762 上升到 2015 年的 0.4311，上升了 14.59%。然而，分阶段可以看出，我国粮食作物生产集聚水平大致可以分为四个阶段：缓慢上升阶段（1996—2006 年）、快速上涨阶段（2006—2009 年）、小幅度下降阶段（2009—2011 年）和平稳上升阶段（2011—2015 年）（见图4-4）。

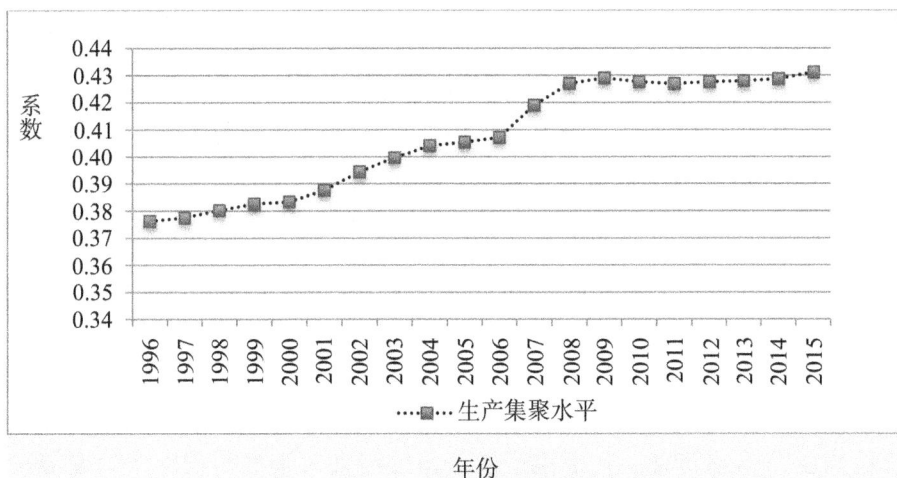

数据来源：根据1996—2015年《中国统计年鉴》整理、计算所得。

图4-4 我国粮食作物生产集聚历史演变趋势

1996—2006年，缓慢上升阶段。1996—2006年我国粮食作物生产集聚水平呈现缓慢增长趋势，从1996年的0.376上升到2006年的0.407，10年内生产集聚水平上升了8.24%。产生这种现象的原因可能是国家宏观政策对粮食生产的积极推动。具体表现为党的十四届五中全会中提出农业"九五"发展计划，推动粮食生产能力达到新的水平，国家更为重视粮食产量和农村发展。首先，在农业政策的推动下，增加了粮食作物种植，带动了种粮积极性；其次，随着城镇化发展，农业劳动力逐渐向非农产业转移，农户间小规模出现了土地流转现象，"以粮为主"的农业生产导向提高了农民种粮积极性，进而我国粮食作物生产集聚水平稳步上升。

2006—2009年，快速上涨阶段。2006—2009年我国粮食作物生产集聚水平呈现快速上涨。从2006年的0.407上升到2009年的0.428，3年内生产集聚水平上升了5.16%。在此阶段产生这样的原因可能是，首先，2004年我国土地流转政策开放，明确农民集体所有建设用地使用权可以

81

依法流转,鼓励农民规模化经营;其次,随着城镇化的发展、农业劳动力雇工价格上涨,农业劳动力不断向非农部门转移,我国土地流转市场得到进一步发挥和完善,促进了土地向合作社等种植大户手中集中。进而2006年开始表现出我国生产集聚水平快速上涨的势头。

2009—2011年,小幅度下降阶段。2009—2011年我国粮食作物生产集聚水平呈现稳中有降趋势。从2009年0.429下降到2011年0.426,2年内生产集聚水平下降了0.7%。产生下降的原因可能是随着经济发展水平、消费水平的提高,消费者结构、农业产业结构发生了转变,由粮食作物向经济作物转移。且蔬菜产业基地的出现对粮食作物生产集聚带来了冲击,进而我国粮食作物集聚水平发展滞缓。

2011—2015年,平稳上升阶段。2011—2015年我国粮食作物生产集聚水平得到回转,表现出平稳上升趋势。从2011年的0.426上升到2015年的0.431,4年间生产集聚水平上升了0.05。原因可能是一方面随着农业现代化推进,我国农业政策进一步倡导粮食作物规模化经营,进而涌现出大量合作社、种植大户和家庭农场等新型经营主体,加大土地流转力度,粮食作物生产规模得到提高。另一方面政府对农业机械化的财政补贴,间接降低了粮食生产成本,提高种粮积极性,进而生产集聚水平出现了上升趋势。

各作物生产集聚水平变动趋势。本书使用基尼系数的计算方法测算1996—2015年的20年我国31个省(区、市)谷物、薯类和豆类作物生产集聚水平发展趋势。总体上看,1996—2015年的20年间我国不同种类粮食作物生产集聚水平存在显著差异(见表4-8)。其中,粮食作物生产集聚水平处于稳定上升趋势,谷物作物和豆类作物20年间生产集聚水平处于不断上升趋势,而薯类作物处于下降趋势。接下来分别对各作物生产集聚水平变动情况进行分析。

各作物生产集聚水平存在显著差异。其中豆类作物的集聚程度最高，基尼系数为0.5764，其次为谷物作物，最低为薯物作物，基尼系数为0.3699。各作物生产集聚水平变动趋势具体表现为：（1）谷物作物生产集聚水平总体上处于上升趋势，从1996年的0.3871上升到2015年的0.4755，20年来上升了23%。谷物作物主要包括水稻、玉米和小麦。（2）豆类作物生产集聚水平处于先上升后下降的波动趋势，从1996年的0.4585上升到2006年的0.6012，后又下降到2015年的0.5764，20年总体上升了25.71%。豆类作物生产集聚水平最高值出现在2016年，基尼系数为0.6012，随之出现小幅度下降，这也是国家取消豆类最低收购价格后带来的豆类生产集聚水平下降。（3）薯类作物生产集聚水平总体处于下降趋势，从1996年的0.4979下降到2015年0.3699，20年间下降了25.71%，原因可能是薯类作物机械化程度处于较低水平，与城镇化劳动力价格上升相比，农户更加倾向于选择外出就业或机械化程度较高的大田作物加兼业的收入方式（肖卫东，2012），进而薯类作物的生产集聚水平出现不断下降的现象。接下来分析各地区之间生产集聚变动情况。

表4-8　1996—2015年粮食作物生产集聚水平变动趋势（基尼系数）

年份	粮食作物	谷物	豆类	薯类
1996	0.3762	0.3871	0.4585	0.4979
1997	0.3776	0.3858	0.5477	0.5022
1998	0.3802	0.3876	0.4659	0.4891
1999	0.3826	0.3998	0.4887	0.4776
2000	0.3833	0.3920	0.4819	0.4749
2001	0.3876	0.4028	0.5026	0.4958
2002	0.3944	0.4105	0.5352	0.4882
2003	0.3997	0.4013	0.5290	0.4876
2004	0.4041	0.4166	0.5491	0.4763

续表

年份	粮食作物	谷物	豆类	薯类
2005	0.4054	0.4259	0.5532	0.4496
2006	0.4071	0.4525	0.6012	0.4273
2007	0.4190	0.4490	0.5485	0.4061
2008	0.4270	0.4542	0.5940	0.3943
2009	0.4290	0.4503	0.5901	0.3996
2010	0.4276	0.4568	0.5840	0.3820
2011	0.4269	0.4660	0.5844	0.3804
2012	0.4276	0.4639	0.5727	0.3695
2013	0.4280	0.4697	0.5670	0.3692
2014	0.4287	0.4726	0.5724	0.3650
2015	0.4312	0.4755	0.5764	0.3699
20年间变动趋势	0.0550	0.0884	0.1179	−0.1280

数据来源：根据1996—2015年《中国统计年鉴》整理、计算所得。

4.3.3 我国粮食作物地区平均集聚率

本书通过地区平均集聚率测算方法测算了我国各地区粮食作物平均集聚率。表4-9列出1996—2015年地区间粮食作物平均集聚率。不难看出，各地区生产集聚水平表现出明显的地域差异。各地区平均集聚率呈现不断变动趋势，总体上表现出以下几点。一是随着时间推移，我国粮食主产区表现出平均生产集聚率不断上升的趋势，如吉林、内蒙古、江西、河南、江苏、安徽和黑龙江。这也是粮食主产区有着得天独厚的资源禀赋优势，以及相应的配套设施，进而不断促进生产集聚水平上升。二是东北部、西部和中部地区粮食作物平均集聚率表现出上升趋势，如东北部的吉林、黑龙江和内蒙古，中部的江西、河南和安徽，西部的重庆、贵州和新疆。可以看出，非主产区的西部地区粮食作物平均生产集聚水平也处于上升的趋势。三是经济发展水平较高地区粮食作物平均生产集聚率处于下降趋势，如北京、天津、河北、辽宁、上海、江苏、浙江以及广东等地。这些地区表现出粮食作物平均集聚率下降的趋势，也是由于这些地区经济主要以对外贸易、工业化以及非农产业为主，进而造成了生产集聚水平滞缓且下降的趋势。

表4-9　1996—2015年全国各地区粮食作物平均集聚率

地区	1996年	1998年	2000年	2002年	2004年	2006年	2008年	2010年	2012年	2015年
北京	0.002	0.002	0.002	0.001	0.001	0.001	0.001	0.001	0.001	0.001
天津	0.004	0.003	0.003	0.002	0.002	0.002	0.002	0.002	0.002	0.002
河北	0.044	0.043	0.040	0.036	0.033	0.031	0.030	0.028	0.028	0.028
山西	0.022	0.022	0.022	0.020	0.018	0.019	0.019	0.020	0.021	0.022
内蒙古	0.038	0.046	0.042	0.040	0.040	0.048	0.043	0.047	0.044	0.043
辽宁	0.023	0.023	0.023	0.025	0.025	0.022	0.024	0.023	0.023	0.021
吉林	0.027	0.027	0.036	0.037	0.039	0.030	0.039	0.038	0.035	0.036
黑龙江	0.101	0.109	0.118	0.127	0.138	0.170	0.171	0.169	0.159	0.159
上海	0.004	0.004	0.003	0.003	0.002	0.002	0.002	0.002	0.002	0.002
江苏	0.054	0.055	0.053	0.051	0.052	0.053	0.054	0.053	0.054	0.054
浙江	0.037	0.035	0.031	0.025	0.022	0.019	0.018	0.018	0.018	0.018
安徽	0.057	0.058	0.065	0.066	0.071	0.075	0.075	0.075	0.077	0.078
福建	0.025	0.024	0.022	0.021	0.019	0.016	0.015	0.015	0.015	0.015
江西	0.051	0.049	0.049	0.050	0.052	0.055	0.054	0.054	0.054	0.055
山东	0.043	0.043	0.040	0.036	0.032	0.032	0.032	0.031	0.031	0.032

续表

地区	1996年	1998年	2000年	2002年	2004年	2006年	2008年	2010年	2012年	2015年
河南	0.052	0.054	0.053	0.054	0.055	0.056	0.056	0.055	0.058	0.056
湖北	0.051	0.048	0.045	0.045	0.044	0.042	0.042	0.042	0.042	0.044
湖南	0.068	0.067	0.068	0.066	0.068	0.066	0.065	0.066	0.067	0.067
广东	0.043	0.043	0.041	0.039	0.037	0.033	0.033	0.032	0.032	0.031
广西	0.047	0.047	0.047	0.049	0.047	0.041	0.038	0.038	0.038	0.037
海南	0.006	0.006	0.006	0.006	0.006	0.005	0.005	0.005	0.005	0.005
重庆	0.014	0.021	0.021	0.022	0.021	0.018	0.018	0.019	0.020	0.021
四川	0.077	0.055	0.056	0.058	0.058	0.056	0.055	0.053	0.056	0.057
贵州	0.024	0.025	0.025	0.026	0.025	0.023	0.023	0.024	0.025	0.026
云南	0.036	0.035	0.032	0.041	0.038	0.038	0.039	0.040	0.043	0.045
西藏	0.001	0.001	0.001	0.001	0.001	0.001	0.001	0.001	0.001	0.001
陕西	0.027	0.027	0.024	0.022	0.022	0.017	0.018	0.018	0.018	0.017
甘肃	0.018	0.013	0.015	0.014	0.014	0.013	0.013	0.013	0.014	0.014
青海	0.003	0.003	0.002	0.002	0.002	0.002	0.002	0.002	0.002	0.002
宁夏	0.006	0.006	0.006	0.007	0.005	0.004	0.005	0.004	0.004	0.004
新疆	0.008	0.008	0.009	0.009	0.008	0.009	0.009	0.011	0.010	0.011

4.3.4 我国粮食作物区域分工及专业化程度

本书使用区位熵指数方法测算 1996—2015[①]年的 20 年我国 31 个省

---

① 由于 1995 年以前统计年鉴中未记载全国谷物播种面积，因此数据从 1996 年开始。

（区、市）各地区粮食作物以及粮食作物中的三类作物分别的专业化程
度。根据公式（4.2），计算1996年、2000年、2005年、2010年、2015
年粮食作物以及其中谷物、豆类和薯类区位熵。

粮食作物总体专业化水平。表4-10列出了1996年、2000年、2005
年、2010年、2015年粮食作物区位熵水平和全年区位熵均值水平。从时
间趋势可以看出，我国粮食作物区位熵总体上是缓慢上升趋势。全国层
面区位熵指数均值从1996年的0.9506上升到2015年的1.003，上升了
5.5%。我国生产集聚水平表现出逐渐上升的趋势，2015年我国粮食作物
区位熵均值1.003。我国粮食作物表现出专业化生产集聚特征。另外，我
国粮食作物专业化程度表现出由西部逐渐向北部移动的趋势，1996年西
北地区的陕西和西南地区的西藏以及东北地区吉林、黑龙江、辽宁和内
蒙古等地的专业化程度较高。到2015年，区域专业化程度向华北地区的
山西和天津以及东北地区黑龙江、吉林、辽宁和内蒙古地区转移。

表4-10 不同年份粮食作物区位熵前5位地区

年份	按区位熵由大到小排序前5位地区	全年均值
1996	吉林、黑龙江、西藏、陕西、辽宁	0.9506
2000	西藏、吉林、黑龙江、陕西、宁夏	0.9604
2005	吉林、黑龙江、辽宁、山西、陕西	0.9689
2010	黑龙江、山西、吉林、内蒙古、辽宁	0.992
2015	黑龙江、吉林、山西、辽宁、内蒙古	1.003

注：均值为该年粮食作物区位熵的均值。

谷物、豆类、薯类作物的专业化水平。通过测算区位熵指数公式列
出1996年、2000年、2005年、2010年和2015年由大到小的前5位地区
和产量前5位地区。我国各地粮食作物中谷物、豆类和薯类作物前5位
的区位熵指数均大于1，说明这些地区粮食作物在这些地区表现出专业

化特征，且专业化程度高于全国平均水平。首先，从表4-11也可以看出我国不同地域表现出明显的种植优势差异，如谷物作物主要集中于西藏、黑龙江、江苏、吉林和安徽，豆类作物主要集中于黑龙江、云南、青海、浙江和重庆，薯类作物主要集中于青海、贵州、重庆、福建和甘肃。其次，可以看出谷物作物和薯类作物专业化程度在逐渐加强，而豆类作物专业化程度在下降。谷物作物从1996年专业化程度最高地区的1.0741上升到2015年的1.4319，薯类作物从1996年专业化程度最高的地区的2.958上升到2015年的6.3225，而豆类作物1996年专业化程度最高地区的3.9646下降到2015年的2.8415。从时序变化来看，中部地区谷物生产专业化稳固的同时，东北部地区专业化程度逐渐凸显。薯类作物的专业化优势逐渐向西部地区转移，1996年薯类作物主要分布在重庆、海南、福建、四川和贵州，而2015年逐渐向青海、重庆、贵州、福建和甘肃转移。豆类作物专业化程度较高的地区依然是黑龙江，且产量也是全国第一。豆类作物也表现出逐渐向云南、青海、浙江和重庆转移。2015年豆类作物主要集中在黑龙江和云南，且两地产量在豆类作物中位居前两位，云南地区豆类作物表现出专业化程度逐年提高。

表4-11　1996—2015年粮食作物各类别专业化程度及产量排名前5位地区

年份	专业化程度排名前五位地区(区位熵指数)			产量排名前五位的地区		
	谷物	豆类	薯类	谷物	薯类	豆类
1996	天津(1.0741)	黑龙江(3.9646)	重庆(2.9580)	山东	四川	黑龙江
	上海(1.0719)	青海(2.9586)	海南(2.6271)	四川	山东	山东
	北京(1.0586)	内蒙古(2.0118)	福建(2.2657)	河南	河南	内蒙古

续表

年份	专业化程度排名前五位地区（区位熵指数）			产量排名前五位的地区		
	谷物	豆类	薯类	谷物	薯类	豆类
1996	西藏 （1.0571）	甘肃 （1.8304）	四川 （2.1623）	江苏	重庆	河南
	新疆 （1.0567）	云南 （1.7661）	贵州 （2.0079）	河北	安徽	四川
2000	天津 （1.0845）	黑龙江 （4.4226）	重庆 （2.7113）	河南	四川	黑龙江
	上海 （1.0809）	内蒙古 （2.0311）	海南 （2.5029）	山东	河南	河南
	北京 （1.0769）	吉林 （1.9737）	福建 （2.4343）	江苏	山东	吉林
	西藏 （1.0684）	青海 （1.8351）	青海 （2.2596）	四川	重庆	内蒙古
	江苏 （1.0585）	山西 （1.5569）	贵州 （2.0130）	湖南	广东	山东
2005	天津 （1.0949）	黑龙江 （4.9334）	青海 （4.8556）	河南	四川	黑龙江
	新疆 （1.0881）	青海 （2.8263）	重庆 （3.3478）	山东	重庆	内蒙古
	上海 （1.0877）	内蒙古 （2.2140）	海南 （3.1722）	江苏	河南	四川
	西藏 （1.0854）	吉林 （1.3282）	甘肃 （3.1659）	四川	贵州	吉林
	江西 （1.08）	浙江 （1.3051）	福建 （2.8579）	河北	山东	江苏
2010	江苏 （1.1176）	黑龙江 （3.4595）	青海 （6.2882）	河南	四川	黑龙江

续表

年份	专业化程度排名前五位地区（区位熵指数）			产量排名前五位的地区		
	谷物	豆类	薯类	谷物	薯类	豆类
2010	西藏（1.1045）	青海（2.4012）	重庆（4.4337）	黑龙江	重庆	内蒙古
	天津（1.0947）	内蒙古（2.2168）	甘肃（3.3913）	山东	山东	安徽
	新疆（1.0865）	云南（1.4958）	福建（3.1117）	江苏	甘肃	吉林
	吉林（1.0767）	吉林（1.1445）	海南（2.9798）	安徽	贵州	四川
2015	西藏（1.4319）	黑龙江（2.8415）	青海（6.3225）	河南	四川	黑龙江
	黑龙江（1.43）	云南（2.7031）	重庆（4.963）	黑龙江	重庆	云南
	江苏（1.423）	青海（2.1348）	贵州（4.8109）	山东	贵州	安徽
	吉林（1.403）	浙江（1.8608）	福建（3.6285）	吉林	甘肃	内蒙古
	安徽（1.3356）	重庆（1.6226）	甘肃（3.5942）	江苏	云南	四川

数据来源：根据《中国统计年鉴》计算所得。

4.3.5 我国粮食作物内部各作物的时空关联性

我国粮食作物表现出区域专业化以及区域分工趋势，本书根据区位熵指数测算了我国粮食作物的专业化程度。接下来通过全局 Moran's I 指数进一步分析我国粮食作物的地理空间分布格局。并通过历年各作物生产数据计算出全局空间自相关系数，进而观察粮食作物是否存在空间依赖性。表4-12列出了1996—2015年空间权重下马铃薯、大豆、稻谷、玉米和小麦作物的空间自相关系数。

　　总体上表现出粮食作物具有空间依赖性。从结果中可以看出，我国粮食作物总体上表现出空间依赖性。粮食作物作为土地密集型大田作物，在空间上表现出明显的空间集聚特征。然而，从时间趋势来看，粮食作物中依然表现不同作物不同的空间依赖性趋势，分别为逐渐增强的空间集聚特征、缓慢下降的空间集聚特征和逐渐表现出的空间集聚特征。接下来分别对三种情况进行阐述：（1）逐渐增强的空间集聚特征。首先从表4-12可以看出，玉米和小麦表现出逐渐增强的空间集聚特征，这表明玉米和小麦作物的种植不仅受自身家庭资源禀赋的影响，同时受到周围地区的影响，且对周围地区是否种植具有高度的依赖性，并且这种依赖性随着时间的推移具有加强的趋势。这也是由于小麦和玉米机械化程度较高，相邻地区种植同一种作物有利于农户联合生产投资和集体购买生产资料。其次，随着跨地区作物的发展，区域之间的联系加强，种植同一种作物具有搭便车的可能，进而降低了交易成本、谈判成本和生产成本。（2）缓慢下降的空间集聚特征。从表4-12可以看出，水稻和大豆表现出缓慢下降的空间集聚特征。当前阶段，水稻和大豆作物依然存在着空间集聚特征，也就是在选择是否种植水稻和大豆时依然受到周围地域的影响，但表现出影响程度逐渐下降的趋势。这也可能是由于水稻和大豆机械化基础较为薄弱。在农业生产过程中，水稻和大豆生产需要大量劳动力，如水稻插秧环节和大豆收割环节，在当前劳动力价格不断上升的背景下，抑制了水稻和大豆的空间集聚水平。（3）逐渐表现出的空间集聚特征。从表4-12可以看出，随着时间的推进，马铃薯作物表现出从空间不集聚到空间集聚的特征，这可能是由于我国马铃薯主粮化战略造成的。

表4-12 1996—2015年空间权重矩阵下粮食作物空间自相关系数

年份	马铃薯	大豆	稻谷	玉米	小麦
1996	0.11 （0.959）	0.191*** （2.943）	0.434*** （3.812）	0.471*** （4.271）	0.373*** （3.691）
2000	0.085 （0.809）	0.159*** （3.26）	0.416*** （3.677）	0.479*** （4.317）	0.376*** （3.83）
2005	0.164 （1.319）	0.162*** （3.184）	0.374*** （3.349）	0.515*** （4.61）	0.377*** （3.929）
2010	0.176 （1.37）	0.12** （2.533）	0.286*** （2.637）	0.547*** （4.874）	0.389*** （4.006）
2015	0.237* （1.722）	0.108** （2.017）	0.273** （2.524）	0.551*** （5.069）	0.393*** （4.037）

注：*表示在10%显著性水平下显著，**表明在5%显著性水平下显著，***表明在1%显著性水平下显著。括号内为Z检验值。

4.4 本章小结

本章将全国31个省（区、市）农业资源禀赋现状与演变趋势和生产集聚水平现状与演变趋势进行了分析。从本章的分析结果中得出以下几个初步结论。

（1）响应农业现代化发展要求，我国农业机械化发展得到显著提高。从动力方面来看，总体上我国农业机械化水平得到提高。在数量方面，我国农业机械化数量呈现不断上升趋势。在结构方面，我国农业机械化水平呈现大机械数量不断上升，而小机械数量处于缓慢上升的趋势。

（2）受工业化和城市化影响，全国各地区耕地资源都呈现下降趋势。此外，我国各地区耕地质量变化较为明显，全国层面耕地质量为中等级别。

（3）随着劳动力价格不断上涨和劳动力外出就业机会增多，我国农业劳动力结构发生改变，总体上我国非农劳动力呈现不断上升趋势，乡村劳动力非农就业比例不断上升。虽然我国农业生产过程中表现出农业劳动力女性占比缓慢上涨的趋势，但未表现出很强烈的农业劳动力女性化特征。我国55周岁以上人口占到总劳动力的33.5%，表明我国农业劳动力老龄化较为普遍。

（4）通过空间基尼系数测算可以看出，我国粮食作物生产集聚水平不断上升；通过空间自相关分析可以看出我国粮食作物生产集聚水平总体上表现出粮食作物具有空间依赖型；通过区位熵指数和地理平均集聚率测算可以看出我国粮食作物生产集聚水平区域间表现出区域分工和专业化特征。

5 禀赋特征对生产集聚的形成演变及影响因素分析

5.1 引言

在本章中，重点定量分析是第三章理论框架部分的第一个内容。即资源禀赋特征对生产集聚的形成演变及影响因素分析。首先分析生产集聚的形成演变。其次进一步探讨生产集聚主要受哪些因素影响。由于生产集聚区域之间异质性较大，主要从两个方面对生产集聚的影响因素进行分析。第一，资源禀赋。资源禀赋差异是地区间造成生产集聚水平不同的主要原因，如耕地资源、农业技术水平是形成生产集聚区的基础。本书在资源禀赋中主要选取农业要素投入基本情况，包括农业耕地数量、农业技术水平、农业劳动力数量、农业人力资本和农业资本存量。第二，外部性因素。外部性因素同样是影响生产集聚的关键因素，主要包括对外经济开放程度、交通基础设施、自然灾害和非农就业比例等因素。

本章结构安排如下：第一部分为引言。主要介绍本章的研究内容和具体安排。第二部分为生产集聚形成机理，在生产集聚形成过程中主要受自然资源和社会因素的影响。其中，自然资源又指地区农业资源禀赋优势、种植习惯和自然选择。生产集聚的形成过程中社会因素是指政府对种植结构的调整或社会偶然事件引起的生产集聚形成。第三部分模型设定、变量选取和变量描述性统计分析。主要受当地资源禀赋和外部性因素等影响，其中农业资源禀赋又包括耕地资源、农业劳动力、农业资本存量和农业机械化等要素。外部性因素又包括自然灾害、交通基础设施、对外经济开放程度、非农就业比例等因素。描述性分析过程中分别对农业资源禀赋中的变量与生产集聚水平拟合线进行逐一分析。第四部分为资源禀赋、外部性条件对生产集聚的实证回归结果。为考察资源禀赋和外部性因素对生产集聚水平的影响是线性或存在拐点，在回归结果中不仅列出了一次项回归结果，同时列出了影响因素二次项的回归结果。第五部分为实证回归结果，主要列出了生产集聚影响因素回归结果。同时，进一步研究列出了生产集聚影响因素的二次项回归结果。第六部分为本章小结。

5.2 生产集聚形成机理

粮食作物生产集聚水平作为一种空间上的集聚概念，即受客观存在的农业资源禀赋、区位优势和种植习惯影响，同时也受到地区社会化、专业化服务等生产性服务组织和政府宏观调控等社会因素的影响，导致区位间存在空间差异。如果生产集聚按照区位相对优势来发展，则必然向农业多样化和特色化的趋势演进，形成专业化的生产集聚区或粮食主产区。接下来进一步阐述生产集聚形成演变过程。

自然禀赋。农业是一个自然资源依赖性较强的产业。由于粮食作物生长特性，最初的生产区位主要依赖于气候、水资源、地形条件等自然禀赋，比如温度、降水、日照时间、昼夜温差、土壤墒情、空气湿度等一系列自然地理因素，带来耕作制度等不同地区的差异，导致某一农业类型最初只能在局部区域集聚，形成一定的地区特色和优势。比如，可耕地集中的区位决定了中国九大商品粮基地（"四江三湖一成松"①）所在的区位。黄河流域因土壤肥沃，气候温暖干燥，成为我国原始农业发生最早的地区。北方旱地和南方水田在发展过程中都具有独特的历史文化。究竟什么种类的农作物适宜在什么地区种植是自然选择的结果，同时种植习俗等促成农作物在该区域产生集聚。因此，自然禀赋决定了农作物的最初集聚格局。

社会因素。除自然因素外，一般来说，农业自然条件所造成的生产集聚在短时间内难以改变，自然条件具有相对稳定性，加上种植习惯和种植习俗等因素的影响，使得已有的生产集聚格局变化比较缓慢。但社会上的偶然事件和变革会引起原有生产集聚发生变动或提高。这种社会变革和偶然事件的产生，一方面是由于农户主观意愿改变。可能是农户主观对新事物的引进和创造的结果，也可能是由于家庭净收益驱使农户改变种植结构。进而微观上的农户种植结构调整必然带来宏观层面上生产集聚发生改变。另一方面则来自社会偶然事件或国家宏观政策的影响。如三峡灵宝苹果基地的形成和政府大力引导规模化种植等。另外，还存在着技术进步或制度创新带来的生产集聚变化。

生产集聚的形成。通过地区自然禀赋、种植习惯和国家宏观层面调整对农业生产的影响，地区农业生产环境发生变化，也带来了种植结构、农业生产规模和市场规模不断扩大，带来了生产集聚的初步形成。在生产集聚水平不断提高的同时，分别从直接路径（提高农户农业生产积极性）和间接路径（通过吸引要素供给部门、专业的中介服务机构和批发市场、生产资料价格和流通企业的集聚，使得现代农业生产要素形

---

① 九大商品粮基地分别包括太湖平原、洞庭湖平原、鄱阳湖平原、成都平原、珠江三角洲平原、江汉平原、江淮平原、松嫩平原和三江平原。

成集聚）反馈到农业生产活动中。在这种农业生产演变过程中，逐渐形成农业规模化集聚区或粮食主产区。生产集聚水平的提高又通过三条路径（农户层面、农业产业层面和地区经济发展水平）促进粮食生产效率。又进一步的农业分工演化和深化，生产集聚区内由于社会分工和社会深化促进了农业生产专业化、规模化发展。农业生产体系形成，也进一步提高了粮食作物生产集聚水平，在完善的农业生产链条下提高了粮食生产效率，无论是单要素生产效率还是总的粮食生产效率皆如此（见图5-1）。

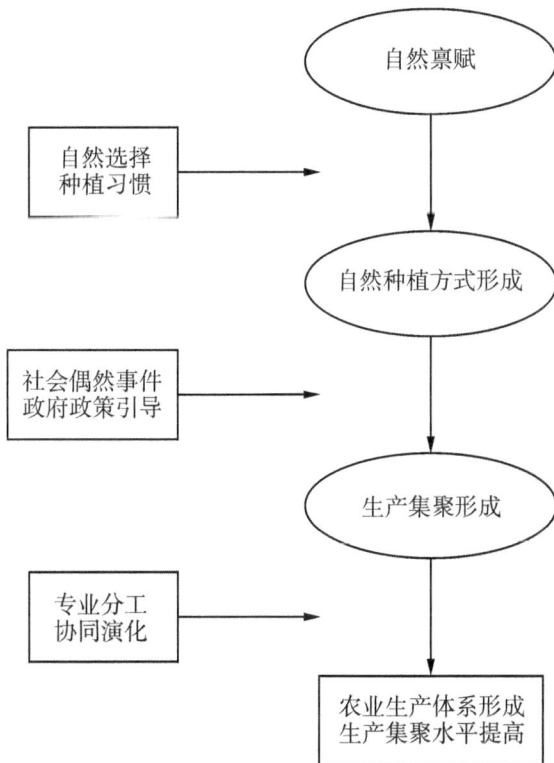

图5-1　生产集聚形成机理

5.3 生产集聚水平与资源禀赋关系分析

各省（区、市）粮食作物生产集聚水平。首先，图 5-2 列出了 1995—2015 年根据区位熵指数测算的粮食作物生产集聚水平，可以看出，地区间生产集聚水平表现出明显的异质性。1995—2015 年粮食作物生产集聚水平表现出上升趋势的地区有天津、河北、山西、内蒙古、辽宁、吉林、黑龙江、江苏、安徽、江西、河南、湖南、重庆、贵州、西藏和新疆。其中上升幅度比较大的有黑龙江、山西、江西、安徽、重庆、贵州和新疆，20 年间分别上升了 22%、17.33%、17.11%、13.36%、16.89%、18.09% 和 11.54%。其次，1995—2015 年粮食作物生产集聚水平表现出下降趋势的地区有北京、上海、浙江、福建、山东、湖北、广

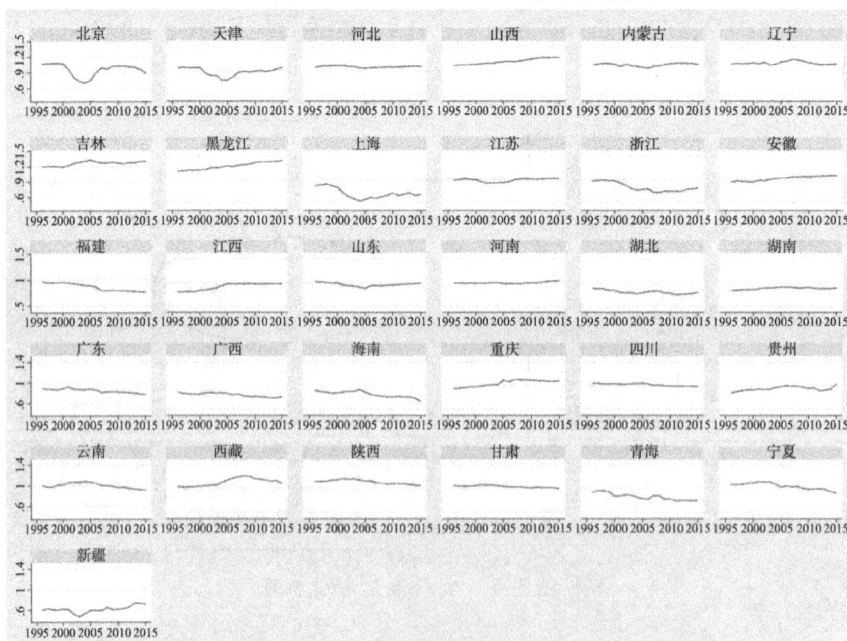

注：横轴表示年份，纵轴表示生产集聚水平。

图 5-2 各省（区、市）粮食作物生产集聚水平变动趋势

东、广西、海南、四川、云南、陕西、甘肃、青海和宁夏，分别下降了16.57%、18.62%、15.93%、20.6%、3.25%、8.66%、11.6%、10.87%、22.7%、7.2%、8.1%、9.3%、6.3%、17.72%和18.17%。

图5-3列出了农业投入要素中土地、劳动力、机械、化肥与粮食作物生产集聚水平的变动趋势。对1996—2015年的20年数据分析表明，粮食作物生产集聚水平（基尼系数）不断上升。从1996—2008年表现出急速上升趋势，在2009—2015年表现出缓慢上升的趋势，从1996年的0.3762上升到2015年的0.4311，20年间粮食作物生产集聚水平上升了14.59%。与此同时，我国农用化肥折纯量、粮食作物播种面积、农用机械总动力均处于不断上升趋势。农用化肥折纯量从1996年的3827.9万吨上升到2015年的6022.6万吨，20年间上升了57.33%。粮食作物播种面积从1996年的11254.79万公顷上升到2015年11334.29万公顷，20年间上升了7%。农用机械总动力也表现出不断上升趋势，从1996年的38546.9万千瓦上升到2015年的111728.07万千瓦，20年间上升了189%。而农业劳动力数量表现出逐年下降趋势，我国农业劳动力数量从1996年的32260.4万人，下降到2015年的26994.28万人，下降幅度为

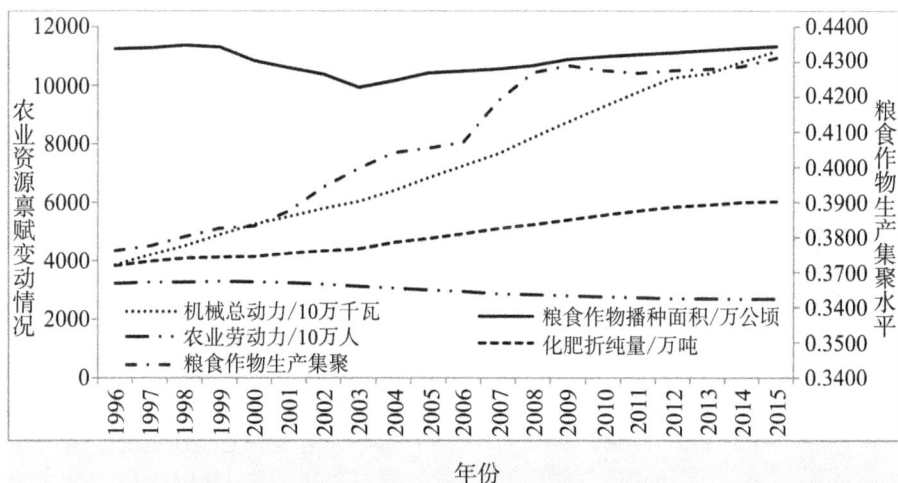

图5-3　1996—2015年农业资源禀赋与生产集聚变动情况

16.32%，这也是由于非农劳动力雇工价格上涨导致的农业劳动力不断向非农部门转移。

　　进一步通过组间信息散点图分析粮食作物生产集聚水平与农业机械、种粮农业劳动力数量、种粮化肥折纯量、粮食作物播种面积之间的简单相关关系（见图5-4）。图5-4中（1）—（4）显示，区域上粮食作物生产集聚水平与农业资源禀赋中代表耕地数量的粮食作物播种面积、种粮农业劳动力数量、农用机械总动力和农业化肥折纯量均呈现正向关系，虽然散点图反映了被解释变量与解释变量之间一定的因果关系，但

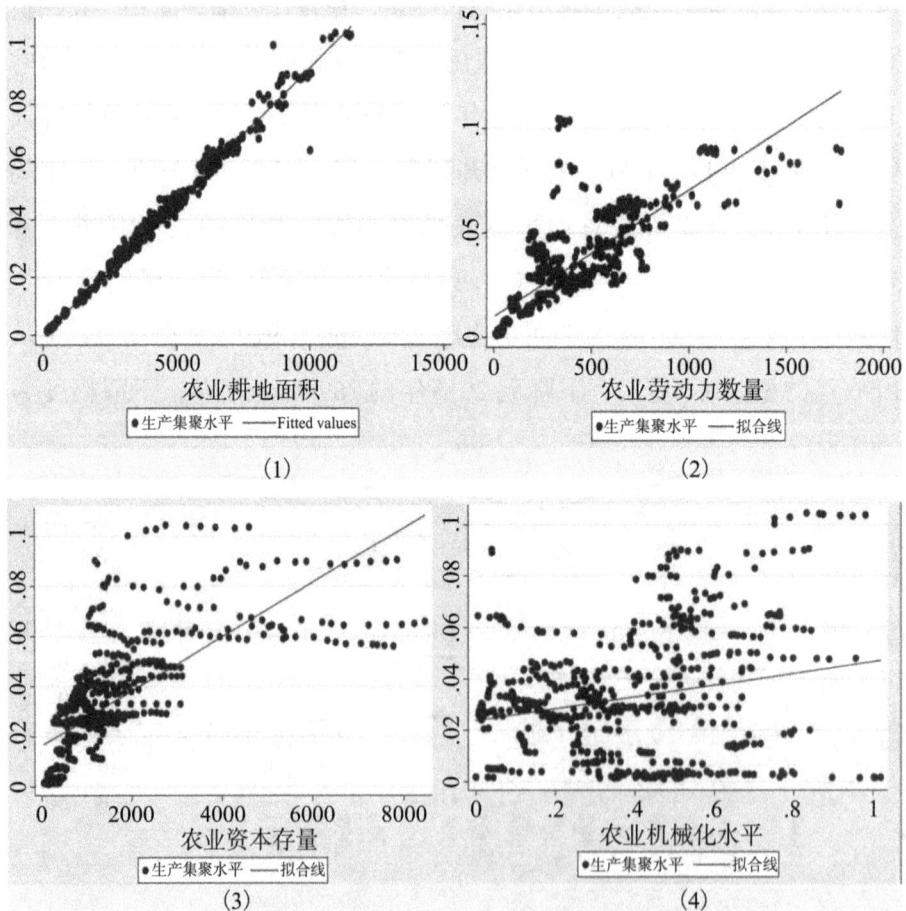

图5-4　粮食作物生产集聚水平与农业资源禀赋要素关系

是区域上两者显著相关关系可能并不是两者真正的因果关系，而是这两个变量同时受到区域其他控制变量的共同影响产生的相关关系。为准确判别被解释变量与解释变量之间的因果关系，下一部分将对影响粮食作物生产集聚水平的其他因素的情况进行实证，在考虑地形条件等变量的基础上，分析农业资源禀赋对粮食生产集聚水平的影响程度。

5.4 计量模型设定与变量选取

本书建立面板数据模型对生产集聚的影响因素进行验证。不难发现生产集聚与影响因素之间存在以下关系：一是生产集聚的提高促进了资源禀赋及外部性因素的提高，而资源禀赋的提高又促进生产集聚水平，即存在内生性问题。二是被解释变量生产集聚的提高具有明显的"前期滞后性和作用效果延续性"的特征。虽然在面板数据模型的固定效应和随机效应中使用工具变量也能在一定程度上解决内生性问题，但难以观测到被解释变量的动态变化，因此，将全部因变量滞后一期，有效反映农业生产条件等资源禀赋及外部性对生产集聚的影响。本书建立如下计量经济模型：

$$Agg_{it} = \beta_0 + \beta_1 R_{i,t-1} + \beta_2 O_{i,t-1} + \mu_i + v_t + \varepsilon_{it} \tag{5.1}$$

模型（5.1）变量的下标 i 表示地区，t 代表时间，$t-1$ 代表变量滞后一期。其中 Agg 表示生产集聚水平。本书认为影响生产集聚水平的包括两类，一类为地区资源禀赋特征（R），同时又受一些外部性因素（O）影响，因此模型中加入了外部性因素。其中资源禀赋包括农业劳动力数量、农业技术水平、农业资本存量和农业耕地数量。外部性条件包括交通基础设施、农业人力资本、贸易对外开放程度、自然灾害占比、非农就业比例和地形条件。除此之外，模型中还控制了地区非观测效应

μ_i和时间观测效应v_t，以及影响被解释变量的因时而变、因地区而变的不可观测的模型特异扰动项ε_{it}。

为进一步检验资源禀赋、外部性条件对生产集聚水平结果的稳健性，本书建立如下计量经济模型：

$$Agg_{it} = \partial_0 + \partial_1 Agg_{it-1} + \partial_2 R_{i,t} + \partial_3 O_{i,t} + \mu_i + v_t + \varepsilon_{it} \qquad (5.2)$$

模型（5.2）中被解释变量 Agg 表示生产集聚水平。由于生产集聚水平的提高也是一种资本积累的过程，且受到上一期生产集聚水平的影响，因此，解释变量中加入滞后一期生产集聚水平。除此之外，加入当期农业资源禀赋（R）和外部性条件（O）变量。同时也控制了地区非观测效应μ_i和时间观测效应v_t，以及影响被解释变量的因时而变、因地区而变的不可观测的模型特异扰动项ε_{it}；变量的具体设定如下，变量描述性统计见表5-1。

R表示地区资源禀赋特征，包括：

（1）农业劳动力（Lab），用农业种粮劳动力表示。这一数据来源于《中国农业统计年鉴》。选择粮食作物作为研究对象，因此通过计算各地实际用种粮劳动力才能够更加准确反映劳动力对粮食作物生产集聚的影响。借鉴杨勇、王跃梅（2013）采用权重系数法将粮食生产的投入要素分离出来。具体计算公式为：用种粮劳动力=农林牧副渔从业人员×（农业产值/农林牧副渔总产值）×（粮食播种面积/农作物播种面积）。

（2）农业耕地面积（Are），用粮食播种面积表示。这一数据来源于《中国农业统计年鉴》。在宏观数据中对土地经营规模的衡量大体分为两类，一类直接用耕地面积为划分对象，一般分为户均耕地面积（杨义武、林万龙，2017；侯方安，2008；）和人均耕地面积（纪月清等，2013）。另一种以播种面积作为代理变量（陈甜等，2014）。本书认为，由于各地存在复种情况，直接用耕地面积回归结果将存在较大差异，因此最后以各地粮食作物播种面积作为农业耕地面积的代理变量。

（3）农业资本存量（Fer），用化肥折存量表示。这一数据来源于《中国农业统计年鉴》。在农业资本存量变量选取中，多数学者选择化肥投入量或农业机械总动力表示农业资本存量。然而本书又将农业机械总动力作为农业技术水平的代理变量，进而选择化肥折存量作为农业资本存量的代理变量。

（4）农业技术水平（Mac），表示农业机械化水平，用机械总动力表示。这一数据来源于《中国农业机械工业年鉴》。在农业资本存量变量选取中，多数学者选择化肥投入量（杜建军等，2017）或农业机械投入量（陈宝峰等，2005）。本书认为随着农业现代化、绿色农业的发展，化肥投入量不能更好地表示出农业资本存量，而机械则体现出对农业劳动力的替代，且处于不断上升趋势，因此本书选择后者。为保证与粮食产出统计口径一致，各投入要素变量均根据相应公式进行了计算。种粮机械动力投入量=（粮食播种面积/农作物播种面积）×农业机械总动力。

（5）农业人力资本（Edu）用地区劳动力平均受教育年限来衡量，这一数据来源于《中国统计年鉴》。将统计年鉴中劳动力文化水平中文盲、小学、初中、高中、大专及以上的受教育年限分别用1、6、9、12、15年替换，再用劳动力人数加权求得。农户受教育程度的提高有助于农业技术的采用。

O表示外部性因素，包括：

（1）交通基础设施（Tra），用"乡村道路里程（公里）/耕地面积（千公顷）"表示，这一数据来源于《中国统计年鉴》。完善的交通道路设施和运输网络，为地区农业自然资源的充分利用、农业生产资料和农产品流通以及区域生产集聚提供了便利条件。

（2）自然灾害（Dis），用农业灾害成灾率表示，这一数据来源于《中国统计年鉴》。其计算公式为农业受灾率=农作物受灾面积/农作物播种面积，用该变量衡量农业受自然灾害的影响程度，如果成灾率高，说明农业更容易受到自然灾害的影响，进而阻碍了农民生产积极性，对农业生产带来影响。

（3）非农就业比例（Non），用非农就业人数/农业劳动力人数表示，衡量方法为：非农就业比例=1-（家庭经营收入中第一产业收入/农村居民家庭人均收入结果）。所用变量数据来源于《中国农业统计年鉴》。

（4）地形条件（Ter），用大于6度的耕地面积占总耕地面积比来表示，数据来源于Landsat TM 30m卫星遥感影像数据。

表5-1　变量描述性统计

变量		均值	标准差	最小值	最大值
生产集聚	总体	0.9743	0.16	0.48	1.40
	组间		0.15	0.62	1.29
	组内		0.06	0.72	1.18
农业劳动力（滞后一期）	总体	374.8624	314.32	8.15	1783.39
	组内		301.67	14.08	1266.03
	组间		102.84	1.4172	1175.38
农业耕地面积（滞后一期）	总体	3501.42	2576.91	141.34	11519.54
	组内		2573.82	184.18	9224.6
	组间		467.6	1784.08	6351.21
化肥折存量（滞后一期）	总体	101.17	84.95	1.289	479.18
	组内		83.3562	2.739	334.96
	组间		633.35	3.138	245.39
农业技术水平（滞后一期）	总体	1420.47	1543.46	39.70	8231.56
	组内		1429.59	65.72	5659.06
	组间		633.35	38.243	4312.169
农业人力资本	总体	2.03	0.1906	1.0284	2.346
	组内		0.0179	2.005	2.07
	组间		0.18	1.0503	2.12

续表

变量		均值	标准差	最小值	最大值
交通基础设施 （滞后一期）	总体	0.0006	0.0012	1.09e-7	0.01
	组内		0.001	0.000017	0.0060
	组间		0.0007	0.00001	0.0101
自然灾害 （滞后一期）	总体	0.288	0.159	0.0026	0.935
	组内		0.087	0.0943	0.468
	组间		0.1341	0.0094	0.878
非农就业比例 （滞后一期）	总体	0.3752	0.1647	0.059	0.84
	组内		0.146	0.147	0.732
	组间		0.08	0.0733	0.563
地形条件 （滞后一期）	总体	1.48	0.66	0	2
	组内		0.677	0	2
	组间		0	1.483	1.483
贸易开放 （滞后一期）	总体	4331565	1.15e+7	10365	1.12e+8
	组内		8370052	35851.62	4.06e+07
	组间		8017563	29300	7.53e+7

5.5 实证回归结果

5.5.1 生产集聚影响因素回归结果

通过对面板数据的随机效应和固定效应回归结果进行比较，Hausman 检验结果显示最终采用固定效用模型分析。表 5-2 列出了生产集聚影响因素估计结果。

表5-2中模型（1）使用了全国31个省（区、市）的20年（1996—2015年）面板数据，估计结果显示，地区农业资源禀赋中变量系数为正，且在5%的水平上显著，表明农业资源禀赋对生产集聚具有促进作用。其中农业耕地数量系数为正，且在5%的水平上显著，农业耕地数量每提高1%，生产集聚水平提高0.01%，表明农业耕地数量有利于生产集聚水平的提高，宏观层面上说明规模化经营有利于农业机械标准化作业、农业现代化和粮食主产区的形成。

农业技术水平系数为正，且在5%的水平上显著，表明农业技术水平的提高有利于促进生产集聚水平，农业技术水平每提高1%，生产集聚水平提高0.19%，说明耕种收综合机械化率的提高一方面体现了农业规模化经营，另一方面体现生产要素的合理投入，进一步促进生产集聚区或粮食主产区的形成，如机械的使用。

农业劳动力数量系数为正，且在5%的水平上显著，表明农业劳动力数量能够有效地促进生产集聚水平的提高。在农业生产过程中，依然需要劳动力作为机械使用或生产资料投入的决策者，并且在农忙时或抢种抢收时同样需要大量劳动力，进而表现出农业劳动力对生产集聚水平的提高具有显著推动作用。

农业资本存量系数为正，且在5%的水平上显著，表明农业资本存量对粮食生产集聚具有促进作用。地区在发挥农业资源禀赋优势时，粮食作物生产集聚水平得到提高。

除资源禀赋影响生产集聚水平外，外部性因素同样影响生产集聚水平的发挥，如基础设施、对外贸易、自然灾害、非农就业等因素。从回归结果可以看出，外部性因素中非农就业比例在5%水平上与生产集聚水平显著，且系数为正，表明当地城市化水平较高能够吸纳一定的农业劳动力，另外劳动力外出带来的非农收入增长又进一步反哺农业，促进农业进一步发展。对外贸易开放程度对生产集聚水平具有促进作用，且在10%水平上显著，可能的原因为在分散的地块上耕种导致我国粮食作物的生产成本较高，在我国大量进口粮食作物的同时，迫切需要农户土地连片或联合生产，进而降低生产成本，促进生产集聚区的形成。

表5-2　生产集聚影响因素回归结果

解释变量	符号	模型（1）FE	模型（2）FE
资源禀赋			
农业劳动力	Lab	0.2444***(6.96)	0.1709***(4.19)
农业耕地面积	Are	0.01***(6.68)	0.0847***(9.57)
农业资本存量	Fer	0.0448***(5.93)	0.2641***(8.04)
农业技术水平	Mac	0.1928***(3.94)	0.0377***(5.47)
农业人力资本	Edu	0.0009(0.03)	0.0225(0.77)
贸易对外开放	Com	0.0139*(1.7)	0.0123(1.51)
外部性因素			
交通基础设施	Tra	−0.8428(−0.14)	−0.9604(−0.15)
自然灾害	Dis	−0.0176(−0.62)	−0.023(−0.89)
非农就业比例	Non	0.55***(4.39)	0.4119***(2.7)
地形	Ter	—	—
常数项	_Cons	−7.082***(−32.25)	0.4326**(1.7)
样本数	N	620	540
R^2	R^2	0.9063	0.9157

注：***、**、*分别表示1%、5%、10%水平上显著。

首先，在控制变量中，交通基础设施、农业人力资本与粮食生产集聚水平不显著的原因可能是随着改革开放，农村公路交通已经得到较好的发展，且不存在粮食运输困难等现象。其次，农业人力资本对生产集聚水平作用尚不显著，主要原因可能是在农业发展过程中，粮食生产集聚水平还普遍处于较低水平，粮食主产区和粮食功能区还处于不断发展阶段，农业人力资本还没有更好地发挥带动或拥堵作用。最后，自然灾害对生产集聚影响不显著，可能是由于当前我国粮食作物受灾率较低，当前农药或肥料的使用对粮食作物自然灾害控制较好，对生产集聚水平的提高并没有带来显著影响。

考虑到北京、天津、上海、重庆四个直辖市的经济发展水平较高，农业发展较为特殊，在分析农业生产时可能会影响回归结果准确性，具体见表5-2，表中模型（2）是剔除以上四个直辖市后，估计资源禀赋及外部性因素对生产集聚的影响。从回归结果可以看出，资源禀赋变量依旧在5%水平上显著，可见资源禀赋对生产集聚水平的提高具有较强的解释能力，且解释变量对被解释变量的影响很显著。在回归结果中，农业耕地面积和农业资本存量的系数分别从0.01和0.045提高到0.08和0.26，表明不考虑经济发展较好地区时，耕地面积和资本存量对生产集聚水平的提高具有较强的推动作用。而农业技术水平和农业劳动力数量上回归系数低于全国样本，这可能是经济较为发达地区与传统地区相比具有较为先进的农业技术水平，进而使用较少劳动力就可以完成农业生产。在其他控制变量中，剔除经济发展水平较高的直辖市后，贸易对外开放对生产集聚水平不显著，说明贸易对外开放对生产集聚水平的提高无影响。这可能是由于直辖市经济发展水平较高，对外开放程度高于其他地区，进而影响了该变量的准确性。

为进一步说明回归结果的稳健性，在数据方面不再采用滞后解释变量，而全部使用当期数据。接下来针对1996—2015年国家层面宏观数据利用系统广义矩估计方法，以滞后一期被解释变量作为工具变量，对我国生产集聚水平的影响因素再次进行验证。具体见表5-3，分别得到表5-3中模型（3）和模型（4）回归结果。其中，模型（4）依然是剔除经济发展水平较高的北京、天津、上海和重庆四个直辖市的回归结果。两个模型回归结果与表5-2模型（1）和模型（2）基本保持一致，证明了结果的稳健性。可见回归结果具有较好的解释力。从回归结果中可以看出，资源禀赋变量依然在5%水平上显著，可见农业资源禀赋对粮食生产集聚水平的影响具有促进作用。外部性变量中，自然灾害和地形条件依然是对粮食作物生产集聚水平具有阻碍作用的两个变量；从表5-3模型（3）和模型（4）的对比，其中模型（4）资源禀赋变量回归系数均大于模型（3）回归系数，在不考虑经济发展水平时，发挥农业资源禀赋优势对粮食作物生产集聚水平具有推动作用。

表5-3　生产集聚影响因素分析结果

解释变量	符号	模型(3)SGMM	模型(4)SGMM
生产集聚-1	Agg_1	0.2239***(2.98)	0.2809***(3.49)
资源禀赋			
农业劳动力	Lab	0.3169*(1.95)	0.5006***(3.04)
农业耕地面积	Are	0.541***(4.82)	0.590***(4.84)
农业资本存量	Fer	0.003***(4.67)	0.0042***(2.83)
农业技术水平	Mac	0.1518***(4.25)	0.1711***(4.62)
农业人力资本	Edu	0.0018(0.93)	0.0001(1.18)
贸易对外开放	Com	−0.0001(−0.32)	−0.0006(−1.36)
外部性因素			
交通基础设施	Tra	0.0491(0.791)	0.336(1.17)
自然灾害	Dis	−0.0004***(−2.77)	−0.0004***(−2.62)
非农就业比例	Non	0.0001(1.61)	−0.0006(−1.08)
地形	Ter	−0.699***(−3.7)	−0.139***(−5.79)
常数项	_Cons	−4.3846***(−14.75)	−4.608***(−15.48)
样本数	N	620	540
Wald检验	Wald	2448.56(p=0.0000)	2342.23(p=0.0000)

注：***、**、*分别表示1%、5%、10%水平上显著。

5.5.2 生产集聚影响因素二次项回归结果

表5-2和表5-3中模型（1）—模型（4）验证了资源禀赋及外部性因素对生产集聚的影响。而在影响因素发展过程中是否存在"拥堵效应"或"集聚效应"？我们接下来将纳入资源禀赋和外部性变量二次项进行分析，以验证每个变量发展趋势对生产集聚水平提高的影响。

表5-4列出了31个省（区、市）20年面板数据生产集聚影响因素二次项回归结果。并且同时列出了OLS和面板数据模型回归结果。在面板数据模型中，Hausman检验结果显示最终采用固定效用模型分析。表5-4中两种实证分析方法回归结果基本保持一致，可以看出，回归结果具有较好的解释能力。从回归结果可以看出，农业耕地面积和农业技术水平均表现出先下降后上升的U形趋势，说明农业耕地面积和农业技术水平对生产集聚效应起到先阻碍后促进的作用，这主要是由于原本土地细碎化程度较高、农业技术水平较低对农业现代化发展起到阻碍作用，难以实现集聚效应，而当耕地规模较大和农业技术较高时，促进生产集聚水平提高，产生集聚效应，进而两变量表现出先阻碍后促进的作用。接下来可以看出，农业劳动力数量和农业资本存量表现出与农业耕地面积和农业技术水平相反的作用，呈现倒U形趋势，即对生产集聚产生先促进后阻碍效果。造成这一现象的原因是在实现农业机械化、现代化过程中，起初需要较多劳动力和资本存量来促进生产集聚水平的提高，而当水平达到一定程度，过多的劳动力和资本存量集聚在某一区域，竞争充分或过剩现象将阻碍粮食作物生产集聚水平的进一步发展。交通基础设施一次项为正相关，二次项不显著的原因是交通基础设施较为落后时，农产品将难以运输到销售者或收购者手中，而当交通基础设施已满足运输的基本条件时，对生产集聚水平的提高并没有进一步产生影响。而农业人力资本无论是一次项还是二次项均未表现出促进作用，产生的原因

可能是粮食功能区、生产集聚区的发展多由政府引导或村干部、村集体共同发展。在农业生产过程中，使用宏观数据过程时并没有发现人力资本对粮食作物生产集聚的作用效果。

表5-4　生产集聚影响因素二次型回归结果

解释变量	符号	Ols	Fe
农业耕地面积	Are	−0.0869***(13.71)	−0.0803***(−12.09)
农业耕地面积二次项	Are²	0.0073***(16.84)	0.0067***(14.64)
农业技术水平	Mac	−0.0078***(−3.16)	−0.0116***(−4.5)
农业技术水平二次项	Mac²	0.0072***(3.01)	0.0101***(4.07)
农业劳动力数量	Lab	0.0081**(2.54)	0.0093**(2.28)
农业劳动力数量二次项	Lab²	−0.009***(−3.07)	−0.0009***(−2.98)
交通基础设施	Tra	0.0009*(1.8)	0.001*(1.79)
交通基础设施二次项	Tra²	0.00003(1.39)	0.00003(1.22)
农业人力资本	Edu	−0.0048(−0.99)	−0.0038(−0.8)
农业人力资本二次项	Edu²	0.0017(1.24)	0.0013(0.98)
农业资本存量	Fer	2.11***(3.45)	2.12***(3.39)
农业资本存量二次项	Fer²	−1.96***(−3.72)	−2.17***(−4.08)
贸易对外开放	Com	0.0006(1.27)	0.0006(1.13)
贸易对外开放二次项	Com²	−0.00001(−0.73)	−9.97e-6(−0.46)
非农就业比例	Non	−0.0045*(−1.72)	−0.0041(−1.4)
自然灾害	Non²	0.0002(0.23)	−0.0001(−0.09)
地理区位	Loc	已控制	已控制
常数项	_Cons	0.2406***(13.76)	0.2178***(11.45)
样本数	N	620	620
R²	R²	0.9514	0.9349

注：***、**、*分别表示1%、5%、10%水平上显著。

5.6 本章小结

本章的分析中主要分为两个部分来考察生产集聚的形成和影响因素。第一部分简要概括生产集聚形成机理。首先分析生产集聚形成机理，主要从自然禀赋、种植习惯、社会因素、国家宏观政策调整到种植结构调整、农业生产规模扩大再到生产集聚初步形成。第二部分又通过理论模型得到影响生产集聚水平的因素，分析了农业资源禀赋、外部性对生产集聚的影响。以上述分析为基础，本书从宏观层面分析农业资源禀赋中土地、劳动力、资本、机械以及外部性条件下对生产集聚产生怎样的影响。

在第三章的理论分析框架中已经指出，生产集聚水平的影响因素是农业生产要素中的农业资源禀赋和外部性条件。因此，本章分析的意义就在于进一步用数据证明理论分析框架的严谨性，即随着农业现代化的发展，生产集聚促进我国粮食生产效率以及单要素生产效率背景下，农业资源禀赋、外部性条件对生产集聚水平的影响程度，发现其存在不同的结果。

通过描述性统计分析发现，近年来，我国生产集聚水平表现出不断上升的趋势，这反映了粮食作物种植的空间集中程度不断提高。利用省级面板数据进行实证分析的结果表明：劳动力数量、农业机械化水平、农业资本存量、粮食作物播种面积、自然灾害和地形条件等变量对生产集聚水平产生影响。从本章的分析中，可以得出以下几个主要的结论。

（1）生产集聚通过在自然禀赋和种植习惯的发展下逐渐发挥农业资源禀赋优势，而随着我国对农业发展的重视程度加强，逐渐通过宏观结构调整带来农业生产规模的扩大，进而出现国家粮食主产区和国家粮食主销区等农业大省。随着农业生产规模和种植业结构的调整，我国农业生产集聚初步形成。

（2）通过农业资源禀赋和外部性条件分析生产集聚水平的主要影响因素，分别通过面板数据固定效应模型和系统广义矩估计方法进行检验，研究结果表明农业劳动力、农业资本存量、农业技术水平和耕地对生产集聚水平具有显著的促进作用。而外部性条件中自然灾害和地形对生产集聚水平具有显著的阻碍作用。

（3）为探讨农业资源禀赋因素和外部性条件对生产集聚水平的影响是否为线性趋势，加入二次型的非线性模型，进一步详细考察各因素对生产集聚水平的影响。研究结果表明农业耕地面积、农业技术水平表现出U形趋势，即一次项为负，二次项为正的先抑制后促进作用。而农业劳动力数量和农业资本存量表现出倒U形趋势，即一次项为正，二次项为负的先促进后抑制作用。

6 生产集聚和粮食生产效率

6.1 引言

生产集聚有利于资源整合与集中利用，能够提高地区资源禀赋的集中程度，更好地发挥资源优势。生产集聚水平作为影响农业生产的系统性媒介，通过集聚效应对农业生产带来影响。而生产集聚的外部效应促进要素资源的充分合理配置和有效利用（黄海平等，2010），通过集聚经济效应吸引生产要素（土地、资本和技术）向某一地区集中，促进农业生产规模效应（毛军，2006）。同时，宏观层面数据也显示，中国种植业生产集聚水平呈现不断上升的趋势。通过基尼系数方法测算我国农作物变动情况，研究表明1980—2012年农作物生产集聚趋势不断形成，种植业生产集聚从1980年的0.391上升到2012年的0.451。从细分作物来看，粮食作物生产集聚水平呈现不断上升趋势，从1980年的0.394上升到2012年的0.5120（陈甜等，2014）。农业集聚的变化对生产要素以及对产出的双重影响，是否在一定程度上促进了粮食生产效率的提升？从数据上来看，我国粮食生产效率也在保持着持续增长，从2001年的0.711上升到2010年的0.791，粮食主产区生产效率从2001年的0.786上升到2010年的0.873（马林静等，2014）。伴随着现代农业的发展，粮食作物生产集聚水平表现出不断上升的态势，生产集聚是否发挥了应有的作用？本书将回答我国粮食作物生产集聚是否促进粮食生产效率，又通

114

过哪些途径促进的问题。

本章结构安排如下：第一部分为引言。主要介绍本章的研究内容和具体安排。第二部分为随机前沿生产函数理论模型、计量模型设定和变量选取。使用样本描述性分析，对本章所使用的样本进行描述性统计分析。第三部分回归结果部分，主要分为两个小节，分别为粮食生产效率估计结果和生产集聚对粮食生产效率实证回归结果。第四部分为粮食生产效率与生产集聚水平的一般性分析，主要包括粮食生产效率的总体趋势和区域差异。第五部分为生产集聚与粮食生产效率机制验证。第六部分为本章小节。

6.2 模型设定与变量选取

6.2.1 理论模型设定

本书选取 Aigner et al（1977）和 Meeusen and van den Broeck（1977）最早提出采用随机前沿生产函数（stochastic frontier approach,SFA）方法来测算技术效率：$\gamma = \sigma_u^2 / (\sigma_u^2 + \sigma_v^2)$，该方法对生产弹性和要素替代弹性不设定限制条件。该函数可同时估计随机生产前沿和技术效率损失，其理论模型为：

$$Y_{it} = f(x_{it}; \beta) \exp(v_{it} - u_{it}) \tag{6.1}$$

式（6.1）中，Y_{it} 代表产量；$f(\cdot)$ 代表生产可能性边界上的确定性产出，表示在现有技术条件下，一定的生产要素投入所能实现的潜在最大产出。x_{it} 为第 i 个生产单位第 t 年的生产要素投入量，包括劳动、土地、化肥、农业机械。β 为待估参数。v_{it} 为样本单元中不可控制的因素，用来判断和度量误差项和随机干扰因素的影响，并且模型假定 v_{it} 服从独立同分布，即 $v_{it} \sim N(0, \sigma_v^2)$。$u_{it}$ 是非负的代表效率水平的变量，主要包括影响非效率项的因素，并假定同 v_{it} 不相关，$u_{it} \sim N(z_i\delta_i, \sigma_u^2)$。

需要明确的是，尽管上述随机前沿生产函数具有线性性质，但由于回归方程误差项包含两个不可观测变量，不满足最小二乘法的经典假设，因此并不能用OLS进行简单回归。利用两参数和（$\sigma^2 = \sigma_v^2 + \sigma_u^2$）进行替代，采用MLE极大似然估计方法来估计所有的参数。

根据随机前沿生产函数模型的设定，农户的技术效率可表示为：

$$TE_{it} = \frac{Y_{it}}{\exp(X_{it}\beta)} = \frac{\exp(X_{it}\beta - u_{it})}{\exp(X_{it}\beta)} = \exp(-u_{it}) \tag{6.2}$$

式（6.2）中，TE 表示技术效率。生产前沿面为观察到的粮食作物总产出同随机前沿生产面上的可能最大产出之比，其值处于0到1之间，1代表完全有效率。

6.2.2 计量模型与变量选择

根据模型（6.1）到模型（6.2）的理论分析，本书采用随机前沿生产函数模型对我国粮食生产效率进行测算，并采用技术效率损失函数分析生产集聚对粮食生产效率的影响。本书选取粮食产量作为因变量，除此之外，常规投入包括劳动力人数、农业机械总动力、粮食播种面积和化肥折纯量，并用时间趋势变量反映制度变迁和技术进步的影响。在实际估算过程中，本书采用相对灵活、替代弹性可变的超越对数（Translog）生产函数，具体形式如下：

$$
\begin{aligned}
\ln y_{it} = {} & \alpha_0 + \alpha_{lab}\ln Lab_{it} + a_{mac}\ln Mac_{it} + a_{fer}\ln Fer_{it} + a_{are}\ln Are_{it} + \frac{1}{2}\beta_{ll}(\ln Lab_{it})^2 \\
& + \frac{1}{2}\beta_{mm}(\ln Mac_{it})^2 + \frac{1}{2}\beta_{ff}(\ln Fer_{it})^2 + \frac{1}{2}\beta_{aa}(\ln Are_{it})^2 + \beta_{lm}\ln Lab_{it}\ln Mac_{it} \\
& + \beta_{lf}\ln Lab_{it}\ln Fer_{it} + \beta_{la}\ln Lab_{it}\ln Are_{it} + \beta_{mf}\ln Mac_{it}\ln Fer_{it} \\
& + \beta_{ma}\ln Mac_{it}\ln Are_{it} + \beta_{fa}nFer_{it}\ln Are_{it} + \beta_{t1}t + \frac{1}{2}\beta_{t2}t^2 + \beta_{t3}t\ln Lab_{it} \\
& + \beta_{t4}t\ln Mac_{it} + \beta_{t5}t\ln Fer_{it} + \beta_{t6}t\ln Are_{it} + v_{it} - u_{it}
\end{aligned} \tag{6.3}
$$

式（6.3）中，y 表示粮食产量，Lab_{it}、Mac_{it}、Fer_{it} 和 Are_{it} 分别表示四种投入要素，分别为种粮劳动力投入、种粮机械总动力、种粮化肥折纯量和粮食播种面积。i 表示省份，t 表示时期变量，以说明粮食生产前沿面的移动情况，并且反映技术进步对农业生产的作用。由于统计年鉴中某些变量并未具体区分粮食作物和经济作物的数据，为了更好地估计粮食生产过程中这些投入要素的使用量，借鉴杨勇、王跃梅（2013）采用权重系数法将粮食生产的投入要素分离出来。为保证与粮食产出统计口径一致，各投入要素变量均根据相应公式[①]进行了计算。

根据公式（6.2）进一步分析生产集聚对粮食生产效率的影响。关于粮食生产效率的影响因素，除生产集聚可能会影响农业技术效率外，还包括其他因素，例如地区农业禀赋特征、农业基础设施、自然条件等都会对农业技术效率产生影响。因此，本书在实证分析模型中还加入了一组控制变量。模型设定如下：

$$TE_{it} = \delta_0 + \delta_1 Agg_{it} + \delta_2 Edu_{it} + \delta_3 Apl_{it} + \delta_4 Zma_{it} + \delta_5 Tra_{it} + \delta_6 Dis_{it} + \phi_i + \varphi_t + \omega_{it}$$

$$(6.4)$$

式（6.4）中，TE_{it} 是粮食生产效率，Agg_{it} 表示生产集聚水平，用区位熵指数表示。Edu_{it} 表示农村人力资本，Apl_{it} 表示户均耕地面积，Zma_{it} 表示机械使用程度，Tra_{it} 表交通基础设施，Dis_{it} 表示自然灾害。ϕ_i 表示固定效应。φ_t 表示时间效应；ω_{it} 服从极值分布的随机变量，为模型扰动项；δ_{it} 为待估参数，表示对粮食生产效率影响。

理论上讲，生产集聚受资源禀赋和外部性影响，生产集聚又影响粮

---

① 种粮劳动力=农林牧副渔从业人员×（农业产值/农林牧副渔总产值）×（粮食播种面积/农作物播种面积）；种粮机械动力投入和化肥折纯量均按照比例系数进行整理计算；粮食生产投入要素使用量=粮食作物播种面积/农作物播种面积×总投入要素使用量。

食生产效率，直接用生产集聚回归粮食生产效率存在内生性问题。在这种情况下，固定效应估计结果仍然会是有偏差的。为此，本书进一步使用固定效应模型工具变量法（FE-IV）来解决内生性问题。因此，选用影响生产集聚水平而不影响粮食生产效率的非农就业比例作为工具变量，该变量作为工具变量的外生性条件在逻辑上不存在问题，进一步观测生产集聚水平对粮食生产效率的影响，具体见表6-1。

表6-1　生产集聚与粮食作物相关变量描述性统计分析

因变量	变量定义	符号	均值	标准差	最小值	最大值
产量	作物产量（万吨）	Y	1651.75	1310.97	58.03	6242.19
劳动力	种粮劳动力（万人）	Lab	363.47	302.65	8.14	1783.38
化肥	种粮化肥折纯量（万吨）	Fer	104.99	88.47	1.28	501.14
播种面积	粮食播种面积	Are	3507.53	2605.72	120.17	11696.4
机械总动力	机械总马力（万千瓦）	Mac	1541.92	1672.72	39.70	8830.91
生产集聚	区位熵指数	Agg	0.9743	0.1689	0.4767	1.4047
机械使用程度	耕种收综合机械化率(%)	Zma	0.39	0.23	0.005	1.0
户均耕地面积	人均耕地面积	Apl	11.12	9.40	1.53	46.71
农村人力资本	地区劳动力平均受教育年限	Edu	7.71	1.17	2.79	10.453
交通基础设施	乡村道路里程（公里）/耕地面积（千公顷）	Tra	0.0001	0.001	1.09e-07	0.01
非农就业	非农就业比例	Non	0.38	0.17	0.06	0.84
GDP	GDP	Gdp	20619.3	19300.7	1826	105231
户均农业补贴	农业补贴/农户数量	Sub	46.69	153.99	0	1508.2

续表

因变量	变量定义	符号	均值	标准差	最小值	最大值
自然灾害	农作物受灾面积/农作物播种面积	Dis	0.28	0.15	0.002	0.93
地形	坡耕度大于6度以上占总耕地面积比	Ter	28.014	19.695	3.286	70.45
规模经济	劳均耕地面积	LSZ	0.08	0.039	0.02	0.21
产业化经济	农机作业服务市场(个/千公顷)	LLZ	359.74	165.05	78.18	795.08
共享经济	二、三产业产值	LUZ	804.41	807.8	17.79	4765.8

首先，Agg_{it} 表示生产集聚水平，用区位熵指数来衡量粮食作物的生产集聚水平。这一数据来源于《中国统计年鉴》中的各地和全国粮食作物播种面积和农作物播种面积。由于粮食产量受自然灾害影响较大，进而生产集聚水平采用播种面积占比代入区位熵指数进行测算表示。对于生产集聚水平，文献中主要采用三种方式表示：一种是用粮食作物产量衡量区位熵指数表示，一种是粮食作物播种面积衡量区位熵指数表示，还有一种是直接用粮食作物播种面积占全国粮食作物播种面积之比来表示。本书在实证过程中没有选取其他两种衡量生产集聚水平的主要原因是：粮食作物产量受自然灾害影响较大，在实证过程中对生产集聚水平的衡量存在误差（肖卫东，2012）。由于在区位熵指数公式中无法获取精确的农作物产量，因此区位熵数据无法完成。同时，在相关文献中直接用播种面积比来代理生产集聚水平的变量，本书认为该变量并不能较好地诠释省际层面生产集聚的水平。因此，本书选取粮食作物播种面积代入区位熵公式中表示生产集聚水平。根据研究假说，预期该变量为正。

其次，地区禀赋特征包括农业人力资本、农业机械化水平。其中，农业人力资本（Edu_{it}）用地区劳动力平均受教育年限来衡量，即将统计年鉴中劳动力文化水平中文盲、小学、初中、高中、大专及以上的受教育年限分别用1、6、9、12、15年替换，再用劳动力人数加权求得。农户受教育程度的提高有助于农业技术的采用（颜廷武等，2010）。农业机械使用程度（ Zma_{it} ）用耕种收综合机械化率表示，耕种收综合机械化水平越高代表农业专业化服务、社会化服务、农业机械水平等外包服务越高，农业外包服务促进农业生产技术的提高（孙顶强等，2016；彭代彦、文乐，2016）。

再次，基础设施包括交通条件。交通条件（ Tra_{it} ）用乡村道路里程[①]（万公里）/耕地面积（千公顷）表示，交通条件会影响农业技术及农业机械的使用，进而直接影响农业生产效率。

最后，自然条件主要包括地形条件。地形条件（ Ter_{it} ）用6度以上坡耕地占总耕地比来表示（%）。虽然地形无法直接影响粮食生产效率，但地形的平坦程度直接影响着农业现代化的发展，如农业机械化的使用及耕种收综合机械化率，进而影响粮食生产效率。

6.3 实证回归结果

6.3.1 假设检验与随机前沿生产函数估计结果

本书利用Frontier4.1估计超越对数随机前沿生产函数即式（6.3）与技术效率模型即式（6.3）、（6.4）进行联合估计。在估计结果之前，对粮食作物产出及各项生产要素投入及其他变量均进行了标准化处理

---

① 由于统计年鉴上没有乡村道路里程数据，选用等外公里里程数作为替代变量。

（Madheswaran et al.，2007）。表6-2汇报了超越对数随机前沿生产函数的
回归结果。表6-3汇报了模型假设检验结果。通过表6-3可以看出模型
gamma显著性检验t值为21.13，检验结果显示技术效率项1%水平显著区
别于零，说明本书采用的随机前沿生产函数优于其他生产函数，且LR
统计量大于混合卡方分布临界值，进而拒绝原假设，说明模型存在无效
率项，粮食生产的实际产出与潜在的最大产出之间的差距主要来自技术
非效率，与随机误差项关系很小。

表6-2 随机前沿生产函数估计结果

变量	系数	标准误
Constant	−0.0449	0.04894
农业劳动力,$\ln(Lab)$	0.3659**	0.1675
机械总动力,$\ln(Mac)$	−0.7139***	0.1845
化肥施用量,$\ln(Fer)$	0.1647	0.2144
播种面积,$\ln(Are)$	1.303***	0.2378
$\ln(Lab^2)/2$	0.032	0.0539
$\ln(Mac^2)/2$	0.1191**	0.0497
$\ln(Fer^2)/2$	0.0423	0.0556
$\ln(Are^2)/2$	−0.2155**	0.0862
$\ln(Lab)\ln(Mac)$	0.0809	0.3580
$\ln(Lab)\ln(Fer)$	0.0232	0.3947
$\ln(Lab)\ln(Are)$	−0.0117	0.0582
$\ln(Mac)\ln(Fer)$	−0.1376***	0.0372
$\ln(Mac)\ln(Are)$	0.1177**	0.0498
$\ln(Fer)\ln(Are)$	0.0868*	0.0523
T	−0.0169	0.0106

续表

变量	系数	标准误
$T^2/2$	0.0016***	0.00029
$\ln Lab \times t$	−0.0023	0.0027
$\ln Mac \times t$	−0.0007	0.0023
$\ln Fer \times t$	−0.0371*	0.0197
$\ln Are \times t$	0.0030	0.0029
Sigma–squared	0.0445**	0.0196
Gamma	0.9073***	0.0429
Log–likelihood	735.88	
单边误差似然比LR	820.3	

注：标准误为近似标准误，***、**、*分别表示1%、5%、10%水平上显著。

表6-2汇报的超越对数随机前沿生产函数的估计结果。首先，结合投入要素一次项和二次项可以看出，农业劳动力一次项为正，二次项不显著，以及农业机械一次项为负，二次项为正可以看出随着农业机械化对劳动力的替代，且规模化经营时农业机械化作业效率高于农业劳动力，进而表现出劳动力二次项不显著，农业机械二次项显著为正的现象。其次，土地规模表现出一次项为正、二次项为负，说明粮食生产效率的提高要避免规模过大带来的效率损失。

表6-3汇报了模型假设检验结果。第一步，检验随机前沿模型的适用性，即对是否存在无效率项进行了检验。第二步，检验生产函数形式，即检验C-D生产函数和Translog生产函数哪个更合适。第三步，检验模型是否存在技术变化。第四步，检验模型技术效率是否随时间变化。检验结果的基本结论是：研究1996—2015年我国粮食生产效率问题，随机前沿生产函数具有适用性，且Translog生产函数优于C-D生产

函数，模型存在技术变化和技术效率随时间变化等特征。

表6-3 模型假设检验结果

检验	假设	LIF	LR	自由度k	卡方	结论
是否存在非效率项和模型适用性	$H_1 : \gamma \neq 0$	735.88				拒绝
	$H_0 : \gamma = 0$	325.71	820.3	3	7.05	
C-D和Translog哪个更好	$H_1 :$ 二次项系数不全为零	735.88				拒绝
	$H_0 :$ 二次项系数全为零	601.37	269.02	2	5.14	
是否存在技术变化	$H_1 : \beta_T \neq 0$	735.88				拒绝
	$H_0 : \beta_T = 0$	698.02	75.72	2	5.14	
检验效率是否随时间变化	$H_1 : \eta \neq 0$	735.88				拒绝
	$H_0 : \eta = 0$	601.37	269.02	2	5.14	

6.3.2 生产集聚与粮食生产效率实证回归结果

依据表6-2的回归结果，利用公式（6.4）计算了1996—2015年中国各地区粮食生产效率，进一步分析生产集聚对粮食生产效率的影响。

表6-4汇报了公式（6.4）生产集聚水平与粮食生产效率的估计结果。其中，模型（1）是固定效应（FE）估计结果，模型（2）是固定效应模型工具变量法（FE-IV）估计结果。主要表现出以下特征。

表6-4 生产集聚水平与粮食生产效率回归结果

解释变量	符号	模型（1）	模型（2）
		FE	FE-IV
生产集聚水平	Agg	0.018*(1.70)	0.5659***(2.62)
农业人力资本	Edu	0.0098(0.78)	0.0026(0.98)

续表

解释变量	符号	模型（1）	模型（2）
		FE	FE-IV
交通基础设施	Tra	2.138***(2.71)	3.0494(1.05)
农业机械化使用情况	Zma	0.01**(2.37)	−0.0053(−0.31)
户均耕地面积	Apl	−0.0035(−0.89)	−0.0231(−1.40)
自然灾害	Dis	−0.0015***(−4.45)	−0.1904***(−2.62)
地形条件	Ter	−0.0016***(−4.93)	−0.0021***(−2.66)
常数项	Con	−2.836***(−16.25)	−0.5218***(−3.19)
样本数	N	620	620
F检验	F	76.07(F=0.0000)	—
Wald（Prob>chi2）	Wald	—	279.35(p=0.0000)

注：***、**、*分别表示1%、5%、10%水平上显著。

生产集聚是提高粮食生产效率的重要因素。从关键变量生产集聚的系数来看，固定效应模型工具变量法的估计结果明显大于固定效应模型的估计结果。对固定效应模型估计结果和固定效应模型工具变量法估计结果是否存在系统性差异（即"生产集聚"是否为内生变量）的Hausman检验显著拒绝了不存在系统性差异的原假设，表明公式（6.4）对应的模型确实存在内生性问题，采用固定效应模型工具变量法估计参数是适宜的，参数估计量具有一致性，固定效应模型的估计结果不存在偏差，因此，后文的讨论都是基于固定效应模型工具变量法的估计结果。

参数估计和检验结果表明，生产集聚对粮食生产效率为正，参见模型（2），且在5%水平上显著，表明生产集聚与粮食生产效率之间存在显著的正相关关系。生产集聚水平每提高1%，粮食生产效率提高0.5659%。生产集聚水平的提高促进粮食生产效率提高的原因主要是地区农业资源禀赋的发展促进生产集聚水平的提高，进而生产集聚又通过农户层面规模经济、农业产业层面产业化经济和经济发展层面共享经济，进一步带动农业产业发展，促进农业现代化水平和提高粮食生产效率。

除生产集聚水平外，地形条件对粮食作物生产效率具有显著影响。地形条件对粮食生产效率系数为负，且在1%水平上显著，表明地形条件越恶劣，越降低粮食生产效率。这也是由于地形条件平整程度不但影响作物播种、收割等大型机械的使用，同时影响农业基础设施的配套和完善，对规模化经营带来一定的阻碍作用。因此，地形条件对粮食生产效率的提高具有一定的阻碍作用。自然灾害对粮食生产效率具有阻碍作用，由于土地规模化经营较为普遍，因此一旦发生自然灾害可能导致受灾面积规模较大，进而阻碍了粮食生产效率的提高。其他因素中，农业人力资本和农业机械化使用程度对粮食生产效率具有阻碍作用，但影响程度不显著。

6.4　生产集聚趋势分析及粮食生产技术效率测算

6.4.1　生产集聚水平与粮食生产效率总体趋势

全国层面来看，图6-1展示了1996—2015年这20年我国31个省（区、市）生产集聚水平和粮食生产效率变化趋势。首先，根据基尼系数测算后可以看出，我国粮食作物生产集聚总体上处于上升趋势，从1996年的0.3762上升到2015年的0.4311，上升了14.59%。我国31个省（区、市）20年（1996—2015年）生产集聚平均值为0.4072。其次，通过公式（6.2）得到我国31个省（区、市）粮食生产效率的各地历年平均值[1]。

---

① 受篇幅影响，未列出各省（区、市）每年技术效率平均值。

将每年全国粮食生产效率水平进行平均得到20年（1996—2015年）全国粮食生产平均生产效率为0.6901。从总体看，粮食生产效率从1996年的0.735上升到2015年的0.781，上升了6.3%。我国粮食生产技术效率处于不断上升趋势。同时可以看出，若消除效率损失因素，在现有农业技术条件和生产投入不变情况下，我国粮食生产技术效率仍然有很大的上升空间。当然，在现有的生产技术条件、生产环境和生产投入水平下，我国仍存在30%左右的效率损失。

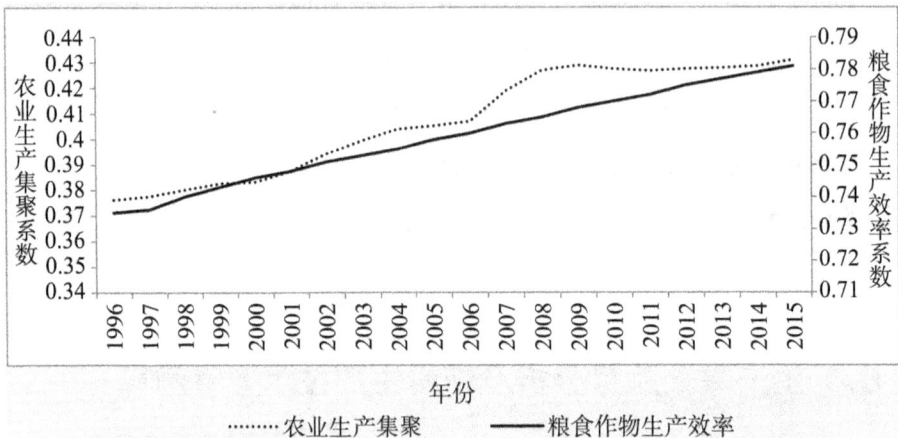

图6-1　1996—2015年生产集聚水平与粮食生产效率总体趋势

6.4.2 不同产区生产集聚水平与粮食生产效率区域差异

分地区来看，表6-5对我国粮食主产区与非主产区[①]粮食生产效率与生产集聚水平进行对比分析。通过计算得到粮食主产区13个省（区、市）、非主产区18个省（区、市）20年（1996—2015年）粮食生产效率

[①] 我国粮食主产区包括辽宁、河北、山东、吉林、内蒙古、江西、湖南、四川、河南、湖北、江苏、安徽、黑龙江等13个地区；非主产区包括北京、天津、山西、上海、浙江、福建、广东、广西、贵州、云南、陕西、甘肃、青海、宁夏、重庆、海南、西藏和新疆等18个地区。

和生产集聚水平的历年平均值。首先可以看出，粮食主产区生产效率均高于非主产区粮食生产效率，1996年粮食主产区与非主产区生产效率分别为0.732和0.614，两者相差0.118；2015年粮食主产区与非主产区生产效率分别为0.776和0.672，两者相差0.104。这是由于粮食主产区规模化经营带来的生产成本降低，共享经济带来的社会化、专业化等生产性服务水平的提高，以及政府资本性投入带来的成本节约，从而提高了粮食主产区生产效率。其次，粮食主产区生产集聚水平同样明显高于非主产区。1996年粮食主产区与非主产区生产集聚水平分别为1.027和0.869，两者相差0.158。2015年粮食主产区和非主产区生产集聚水平分别为1.063和0.983，两者相差0.08。粮食主产区生产集聚水平较高，得益于充裕的资源禀赋、先进的农业技术水平、完善的农业推广体系和不断完善的农业基础设施。

表6-5　粮食主产区与非主产区生产集聚水平与粮食生产效率的对比

地区	粮食生产效率			生产集聚		
	1996年	2006年	2015年	1996年	2006年	2015年
粮食主产区	0.732	0.756	0.776	1.027	1.048	1.063
非主产区	0.614	0.646	0.672	0.869	0.918	0.983

6.4.3 不同地理区域生产集聚与粮食生产效率区域差异

从总体区域上看，我国粮食作物生产集聚水平和粮食生产效率处于不断上升的趋势。接下来，根据地理区域①的划分，将我国分为东中西

---

① 根据地理区域划分，将我国分为东中西三个地区，西部地区分别包括陕西、甘肃、青海、宁夏、新疆、四川、重庆、云南、贵州、西藏。东部地区分别包括辽宁、天津、北京、河北、山东、江苏、上海、浙江、福建、广东、广西、海南。中部地区分别包括山西、内蒙古、吉林、黑龙江、安徽、江西、河南、湖北和湖南。

三个地区，进一步探讨不同地区的粮食作物生产集聚水平和粮食生产效率变动情况。本章选用区位熵指数①测算我国粮食生产集聚水平，从表6-6中可以看出，我国东中西三地区粮食生产效率均处于不断上升趋势。东部地区粮食生产效率从1996年的0.783上升到2015年的0.822，上升了5%。中部地区粮食生产效率从1996年的0.775上升到2015年的0.815，上升了5.2%。西部地区粮食生产效率从1996年的0.643上升到2015年的0.703，上升了9.3%。分地区生产集聚水平可以看出，西部地区和中部地区生产集聚水平处于上升趋势，而东部地区处于下降趋势。西部地区1996年生产集聚水平为0.899，2015年为1.018，上升了13.24%。中部地区生产集聚水平从1996年的0.887上升到2015年的0.984，上升了10.94%。东部地区生产集聚水平从1996年的1.094下降到2015年的1.012，下降了8.1%（见表6-6）。我国东部地区主要包括辽宁、天津、北京、河北、山东、江苏、上海、浙江、福建、广东、广西和海南。东部地区经济发展水平高于其他地区，而生产集聚水平表现出下降趋势可能受以下因素影响：（1）地区经济发展水平的影响，在扩大城市面积同时占用了耕地资源；（2）围绕着经济发展水平较高地区，周围城市选择种植经济效益较高的经济作物或选择外出务工而退出农业生产。

表6-6　我国东中西地区生产集聚水平和粮食作物技术效率变动情况

地区	粮食生产效率			生产集聚		
	1996年	2006年	2015年	1996年	2006年	2015年
东部地区	0.783	0.804	0.822	1.094	1.062	1.012
中部地区	0.775	0.797	0.815	0.887	0.867	0.984
西部地区	0.643	0.675	0.703	0.899	0.997	1.018

---

① 由于无法获得各地各市数据，因此各地生产集聚水平选用区位熵指数表示。

6.4.4 不同经济发展水平生产集聚与粮食生产效率区域差异

表6-7是根据不同经济发展水平[①]进行划分，为进一步观察生产集聚与粮食生产效率的变动趋势。从总体上看，我国粮食生产效率均处于不断上升趋势，东部沿海地区粮食生产效率处于较高水平。这可能是由于这些地区经济发展水平较高，具有一定的技术溢出效应，农村劳动力非农化程度和技术进步速度发展较快带来粮食生产效率较高。从各地区生产集聚水平来看，我国东北地区、北部沿海地区、黄河中游地区、长江中游地区生产集聚水平出现上升趋势。而我国东部沿海地区、南部沿海地区、西南地区和大西北地区生产集聚水平出现下降趋势。可以看出，经济发展水平对不同地区的反馈程度不同，有些地区表现出随着经济发展的提高反哺农业的现象，而有些地区表现出不断压榨农业耕地数量或种植业结构调整的趋势。

表6-7　不同经济地区生产集聚与粮食生产效率区域差异

地区	粮食生产效率			生产集聚		
	1996年	2006年	2015年	1996年	2006年	2015年
东北地区	0.87	0.883	0.895	1.17	1.26	1.28
北部沿海地区	0.698	0.789	0.808	1.05	0.937	1.004

---

① 按照经济发展水平划分的八大地区：分别为东北地区（黑龙江、吉林、辽宁）、北部沿海地区（北京、天津、河北、山东）、东部沿海地区（上海、江苏、浙江）、南部沿海地区（福建、广东、海南）、黄河中游地区（陕西、山西、河南、内蒙古）、长江中游地区（湖北、湖南、江西、安徽）、西南地区（云南、贵州、四川、重庆、广西）、大西北地区（甘肃、青海、宁夏、西藏、新疆）。

续表

地区	粮食生产效率			生产集聚		
	1996年	2006年	2015年	1996年	2006年	2015年
东部沿海地区	0.922	0.931	0.938	0.943	0.788	0.841
南部沿海地区	0.679	0.709	0.735	0.92	0.847	0.737
黄河中游地区	0.612	0.646	0.675	1.088	1.094	1.126
长江中游地区	0.818	0.836	0.852	0.88	0.932	0.9214
西南地区	0.679	0.709	0.735	0.99	0.984	0.885
大西北地区	0.642	0.675	0.702	0.989	0.9159	0.854

6.5 理论机制验证

上文实证研究表明，生产集聚能够显著地提升我国粮食生产效率。在这一部分将对生产集聚提升粮食作物生产集聚水平作用机制进行验证。接下来分别从农户层面的内在规模经济（规模效应）、农业产业层面地方化经济（专业化效应）和经济发展层面共享经济（技术溢出效应）是否促进生产集聚水平提高进而促进粮食生产效率的作用机制进行验证。

在农业生产过程中，生产集聚发展形成后，生产集聚首先通过促进规模化经济、农业产业层面地方化经济和经济发展层面共享经济，然后促进粮食生产效率。那么，在计量模型设定上，这三方面作为一种中间变量存在，用以衡量一些关键变量的间接效应，所以接下来构建联立方程进一步验证生产集聚通过农户层面、农业产业层面和地区经济发展水平对粮食生产效率的促进作用。

6.5.1 农户层面、作用机制与粮食生产效率

首先，设定农户层面规模经济模型如下：

$$LSC_{dt} = \alpha_0 + \alpha_1 Agg_{dt} + \alpha_2 X_{dt} + \phi_d + \varphi_t + \eta_{dt} \tag{6.6}$$

$$LP_{dt} = \beta_0 + \beta_1 LSC_{dt} + \beta_2 Y_{dt} + \delta_d + \lambda_t + \nu_{dt} \tag{6.7}$$

式（6.6）中，被解释变量 LSC_{dt} 表示 d 作物 t 年的内部规模经济，因为农业生产的规模经济主要体现在每个劳动力耕地数量，因此，本书采用劳均耕地面积度量农业的内部规模经济。主要解释变量 Agg_{dt} 表示粮食作物 t 年生产集聚水平；模型（6.6）中除关键变量生产集聚 Agg_{dt} 外还包括影响农户层面规模经济的非农外出比例以及其他控制变量，例如农业技术水平、农业人力资本、交通基础设施和地形等变量；模型（6.7）中被解释变量 LP_{dt} 为粮食生产效率，LSC_{dt} 表示农业生产的规模经济。Y_{dt} 为控制变量，模型（6.7）在模型（6.6）估计基础上，加入影响粮食生产效率的控制变量，与 X_{dt} 相比，多加一个控制变量为粮食作物与经济作物效益差。ϕ_d 表示固定效应。φ_t 表示时间效应，α_0—α_2 表示待估参数，η_{dt} 为随机扰动项。

表6-8列出了内在规模经济与生产集聚估计结果。由于直接使用 OLS 或 2SLS 回归联立方程中的每一个方程，将导致内生变量偏差（endogeneity bias）或联立方程偏差（simultaneity bias）（陈强，2014），但可以作为参照系。因此，本书选用二阶段最小二乘法和系统估计的三阶段最小二乘法进行估计及稳健性对比。回归结果可以看出，单一方程估计 2SLS 与系统估计 3SLS 估计结果差异不大，显然估计结果较为稳健，且估计结果均显示生产集聚对内在规模经济具有显著的促进作用。产生的原因可能是：（1）生产集聚通过土地流转政策的不断完善，土地经营权不断向有种粮禀赋优势的大户手中集中，经营规模在不断扩大，农业生产资源进一步得到充分更好的发挥，促进了粮食生产效率的提高。（2）随着劳

动力大量外出务工，劳均耕地规模在不断扩大，农业机械化较好地替代了农业劳动力，有利于农业机械化的使用，降低亩均成本，提高粮食生产效率。

表6-8 内在规模经济与粮食生产效率估计结果

解释变量	(1)单一方程估计:2SLS		(2)系统估计:3SLS	
	被解释变量	被解释变量	被解释变量	被解释变量
	内在规模经济	粮食生产效率	内在规模经济	粮食生产效率
生产集聚	0.7715*** (12.92)	—	0.7647*** (12.96)	—
内部规模经济	—	1.007*** (4.09)	—	1.346*** (4.92)
非农就业比例	0.0623*** (6.60)	0.171*** (4.38)	0.063*** (6.68)	−0.08** (1.96)
农业技术水平	−0.0654*** (−7.09)	−0.0387 (−1.05)	−0.0656*** (−7.16)	−0.11 (−0.26)
农业人力资本	0.0182** (2.44)	−0.018 (−0.67)	0.0177** (2.39)	0.2798*** (7.84)
交通基础设施	2.5427** (2.16)	28.76*** (6.72)	2.443** (2.10)	22.27*** (4.70)
地形	0.00004*** (3.79)	−0.0043*** (−10.41)	0.0004*** (4.02)	−0.0038*** (−8.39)
自然灾害	−0.032*** (−3.57)	−0.109*** (−3.26)	−0.032*** (−3.63)	−0.0334 (−0.91)
粮食作物与经济作物效益差	−0.00004 (−1.38)	—	−0.0001** (−3.03)	—
常数项	0.0204 (1.07)	0.7157*** (10.15)	0.022 (1.16)	0.7344*** (9.35)

解释变量	(1)单一方程估计:2SLS		(2)系统估计:3SLS	
	被解释变量	被解释变量	被解释变量	被解释变量
	内在规模经济	粮食生产效率	内在规模经济	粮食生产效率
R-sq	0.4331		0.3611	

注:2SLS回归结果括号内为 t 值,3SLS回归结果括号内为 z 值。***、**、* 分别表示1%、5%、10%水平上显著。

6.5.2 农业产业层面、作用机制与粮食生产效率

农业产业层面地方化经济模型设定如下:

$$LLZ_{dt} = \alpha_0 + \alpha_1 Agg_{dt} + \alpha_2 X_{dt} + \phi_d + \varphi_t + \eta_{dt} \quad (6.8)$$

$$LP_{dt} = \beta_0 + \beta_1 LLZ_{dt} + \beta_2 Y_{dt} + \delta_d + \lambda_t + \nu_{dt} \quad (6.9)$$

式(6.8)中,LLZ_{dt} 表示粮食作物 t 时期的农业产业层面地方化经济,参照范剑勇、石灵云(2009)的方法,本书采用农机作业服务市场,用单位面积(千公顷)拥有的农机作业服务主体[①]的数量作为度量农业产业层面的专业化经济的变量。模型(6.8)除关键变量 Agg_{dt} 外还包括了农业资本存量和户均补贴对农业产业层面的影响,以及其他控制变量,如非农就业比例、农业技术水平、交通基础设施和自然灾害。模型(6.9)中,被解释变量 LP_{dt} 表示粮食作物在 t 时期的粮食生产效率,解释变量 LLZ_{dt} 表示农业产业层面地方化经济,以及影响粮食生产效率的其他控制变量 Y_{dt}。ϕ_d 表示固定效应。φ_t 表示时间效应,α_0—α_2 表示待估参数,η_{dt} 为随机扰动项。

---

① 农机作业服务市场=农机作业服务主体总量/粮食播种面积。其中农机作业服务主体总量数据来源于《中国农业机械工业年鉴》,粮食播种面积数据来源于《中国统计年鉴》。

表6-9列出了地方化经济与粮食生产效率的回归结果。在回归结果中2SLS与系统3SLS均显示生产集聚对专业化经济具有促进作用，且结果差异不大，说明回归结果较为稳健。生产集聚通过地方化经济对粮食生产效率具有促进作用得到验证。首先，生产集聚效应的提高进一步增加农业科技、研发、补贴等资本投入力度，提高技术优势，促进农民种粮积极性，带动农业向现代化农业发展。其次，随着农业产值的提高，生产集聚通过自身农业优势特征共享资源优势，形成粮食生产环节专业化服务，进而通过生产性服务、专业化分工等进一步促进当地农业发展，缩减农业生产成本，提高当地农业收益，提高粮食生产效率。

表6-9　地方化经济与粮食生产效率回归结果

解释变量	(1)单一方程估计:2SLS		(2)系统估计:3SLS	
	被解释变量	被解释变量	被解释变量	被解释变量
	专业化经济	粮食生产效率	专业化经济	粮食生产效率
生产集聚	0.1186*** (4.73)	—	0.1976*** (8.62)	—
地方化经济	—	0.0719*** (7.44)	—	0.0719*** (7.50)
农业资本存量	0.0072*** (8.69)	−0.00004*** (−8.15)	0.0048*** (6.32)	−0.00004*** (−8.22)
非农就业比例	0.9583*** (4.29)	0.1049*** (3.01)	1.0900*** (4.92)	0.1049*** (3.04)
农业技术水平	0.0438 (0.22)	0.1193*** (4.44)	0.0967 (0.57)	0.1193*** (4.48)
交通基础设施	0.0841*** (5.03)	0.4002*** (8.82)	0.0064*** (2.91)	0.4002*** (8.89)
自然灾害	−0.499*** (−2.64)	−0.0864*** (−2.76)	−0.505*** (−2.67)	−0.086*** (−2.77)
地形	−0.055 (−0.32)	−0.0041*** (−11.45)	−0.1547*** (−6.32)	−0.0041*** (−11.54)

续表

解释变量	(1)单一方程估计:2SLS		(2)系统估计:3SLS	
	被解释变量	被解释变量	被解释变量	被解释变量
	专业化经济	粮食生产效率	专业化经济	粮食生产效率
灌溉条件	0.0065*** (2.96)	—	-0.042 (-0.21)	—
常数项	6.861*** (17.5)	0.274*** (2.83)	6.84*** (17.46)	0.271*** (2.85)
R-sq	0.6932		0.6877	

注:2SLS回归结果括号内为t值,3SLS回归结果括号内为z值。***、**、*
分别表示1%、5%、10%水平上显著。

6.5.3 经济发展水平层面、作用机制与粮食生产效率

经济发展水平的技术溢出效应模型设定如下:

$$LUZ_{dt} = \alpha_0 + \alpha_1 Agg_{dt} + \alpha_2 X_{dt} + \phi_d + \varphi_t + \eta_{dt} \tag{6.10}$$

$$LP_{dt} = \beta_0 + \beta_1 LUZ_{dt} + \beta_2 Y_{dt} + \delta_d + \lambda_t + \nu_{dt} \tag{6.11}$$

式(6.10)中,LUZ_{dt}表示d作物t时期的地区经济发展水平层面技术溢出
效应,参照范剑勇、石灵云(2009)的方法,本书采用国民生产总值中
第二、三产业产值总和度量地区经济发展水平层面技术溢出效应。解释
变量Agg_{dt}表示作物d在t时期的生产集聚水平,同时加入了影响第二、三
产业产值的GDP和非农就业比例变量以及其他控制变量,比如农业人力
资本、农业技术水平和交通基础设施。式(6.11)中,被解释变量LP_{dt}表
示作物d在t时期的粮食生产效率。解释变量LUZ_{dt}表示农业产业专业化
效应,同时加入了影响粮食生产效率的控制变量。ϕ_d表示固定效应。
φ_t表示时间效应,α_0—α_2表示待估参数,η_{dt}为随机扰动项。

表6-10列出了共享经济与粮食生产效率回归结果。在回归结果中
2SLS与系统3SLS均显示回归结果差异不大,说明回归结果较为稳健。

生产集聚促进经济发展水平，且经济发展水平促进粮食生产效率，进而生产集聚水平对粮食生产效率具有显著促进作用，机制三得到验证。随着生产集聚水平的提高，其带动我国农业发展，并且带动当地经济资本反哺农业，增加农业科技、研发、补贴等资本投入力度，提高农业技术优势，促进农民种粮积极性，带动农业向现代化农业发展。

表6-10　共享经济与粮食生产效率回归结果

解释变量	(1)单一方程估计:2SLS		(2)系统估计:3SLS	
	被解释变量	被解释变量	被解释变量	被解释变量
		粮食生产效率		粮食生产效率
生产集聚	0.1578*** (7.60)	—	0.1577*** (7.67)	—
共享经济	—	0.267*** (6.60)	—	0.2649*** (6.83)
非农就业比例	3.355*** (16.06)	0.5893*** (7.95)	3.355*** (16.20)	0.5915*** (8.13)
农业技术水平	−0.00001 (−0.56)	0.0752* (1.68)	−0.00001 (−0.57)	0.076* (1.74)
GDP	0.00003*** (14.25)	−0.00001*** (−4.43)	0.00003*** (14.37)	−0.00001*** (−4.59)
地形	−0.0015 (−0.80)	−0.0021*** (−3.74)	−0.0015 (−0.81)	−0.0022*** (−4.13)
灌溉条件	0.313*** (6.70)		0.302*** (12.4)	
常数项	6.63*** (19.91)	−0.984*** (−3.39)	6.63*** (20.09)	−0.976*** (−3.46)
R-sq	0.8336		0.8326	

注：2SLS回归结果括号内为 t 值，3SLS回归结果括号内为 z 值。***、**、*分别表示1%、5%、10%水平上显著。

6.6 本章小结

本书建立超越对数生产随机前沿生产函数对我国粮食生产效率进行了估算和检验，并进一步实证分析生产集聚水平对粮食生产效率的影响，主要结论如下。

（1）我国粮食生产效率逐年稳步增长，从 1996 年的 0.735 上升到 2015 年的 0.781，上升了 6.3%。并且不同区域间表现出明显的差异化，从我国地理层面划分的东中西区域来看，2015 年我国东部地区、西部地区和中部地区的粮食生产效率依次为 0.822、0.703 和 0.815，与 1996 年相比分别上涨了 5%、9.3% 和 5.2%。根据不同经济发展水平地区的划分来看，2015 年东北地区、北部沿海地区、东部沿海地区、南部沿海地区、黄河中游地区、长江中游地区、西南地区和大西北地区粮食生产效率分别为 0.895、0.808、0.938、0.735、0.675、0.852、0.735 和 0.702。

（2）生产集聚水平对粮食生产效率具有显著促进作用，生产集聚水平每提高一个单位，粮食生产非效率项将降低 0.566 个单位。

（3）最后，实证验证了生产集聚通过农户层面的外在规模效应（规模经济）、农业产业层面专业化效应（专业化经济）和经济发展层面技术溢出效应（共享经济）三个层面对粮食生产效率的作用机制。

7 生产集聚和单要素生产效率

7.1 引言

上一章已实证验证了生产集聚对粮食生产效率的促进作用，接下来，本章进一步验证生产集聚对单要素生产效率的影响。单要素生产效率是指投入要素中农业劳动力、耕地和机械的生产效率。单要素效率越低表明该要素的投入量与潜在最小要素投入量的差距越大，农业生产过程中该要素的使用效率也越低，要素可节约的空间越大（李新春、李胜文，2010）。随着生产集聚水平的不断提高，生产集聚是否对单要素生产效率具有促进作用？本书将进一步分析我国农业生产单要素生产效率的变动趋势和生产集聚对粮食生产要素中农业机械、农业劳动力和农业耕地产出效率的影响。

本章结构安排如下：第一部分为引言，主要介绍了本章节研究目的和章节安排。第二部分为各单要素生产效率的理论模型设定和测算方法。为保持全文所使用的计算方法相同，这一部分依然沿用灵活性较强的随机前沿生产函数（SFA）分别测算粮食作物生产资料投入要素中的土地、劳动力和机械的生产效率。第三部分为生产集聚与各要素生产效率的描述性分析，主要描述单要素生产效率的总体变动趋势。第四部分为生产集聚与各要素生产效率的模型设定和样本选择，针对不同的要素生产效率选取不同的控制变量，在控制外部环境下分析生产集聚对各要素生产效率的影响。第五部分为生产集聚与各要素生产效率的回归结果,通过面板数据模型进行分析,且回归结果也较好地验证了前文的理论分析和研究假说。第六部分为本章小结。

7.2 理论模型设定

在第六章通过随机前沿生产函数测算粮食作物生产效率基础上,接下来通过随机前沿生产函数进一步分解,对单要素生产效率进行测算,包括耕地、劳动力和机械。本章依然沿用效率损失随机前沿生产函数来分析单要素生产效率,是由于和C-D生产函数相比,超越对数生产函数具有更好的灵活性和包容性。由于生产技术的测定是实际产出与生产可能性边界产量的比值,它是对所有投入平均效率的度量;而单一投入效率测定的是在实际产出和其他投入不变的情况下,某个单一投入的最低使用量与实际投入量的比值(王晓娟,2005)。由于测算单要素效率的方法一致,因而本书以农业劳动生产效率为例。农业劳动生产效率的度量方法如下:

$$LE =[\min\{\lambda\,;\,f(x,\lambda_{labor};a) \geq y\} \rightarrow （0，1）] \tag{7.1}$$

式(7.1)中,LE 表示农业劳动生产效率;$labor$ 表示劳动力实际投入量;x 表示除劳动力之外的其他投入量;λ 表示技术效率充分有效时,最低的劳动力投入量与实际投入量的比;λ_{labor} 表示最佳劳动力投入量,a 表示投入量的系数。上式中定义的劳动力效率就是在其他生产要素投入与产出不变的情况下,最低的劳动投入量与实际投入量的比,其取值范围在0到1之间。

测算方法如图7-1所示,假设第i个没有效率的地区,其生产 Y_0 产量的产品,所使用劳动力的数量为 L_1,其他生产要素的投入量为 X_1。那么，就有：

$$TE_i = \frac{OB}{OA} \qquad (7.2)$$

$$LE_i = \frac{X_1C}{X_1A} = \frac{L_2}{L_1} \qquad (7.3)$$

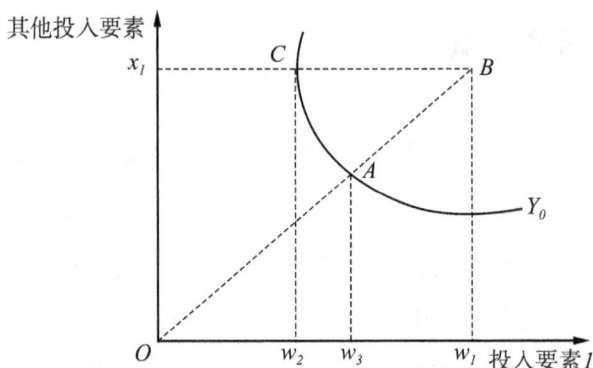

图7-1 劳动生产效率测度

劳动力生产效率的测算方法就是在其他生产要素投入保持不变时，最小劳动力投入量 L_2 与最大节约劳动力投入量（$L_2 - L_1$）的情况下仍然能够生产 Y_0 单位的产量。

那么，测量劳动生产效率，首先要对 L_2 做一个估计。根据 $LE_i = \frac{L_2}{L_1}$，可以推出 $L_2 = L_1 \times LE_i$，借助 Battese and Coelli(1995)开发的效率损失模型，可以得到不存在效率损失的模型，超越对数（Trans-log）生产函数具体形式如下：

$$\ln y_{it} = \alpha_0 + \alpha_{lab}\ln Lab_{it} + a_{mac}\ln Mac_{it} + a_{fer}\ln Fer_{it} + a_{are}\ln Are_{it} + \frac{1}{2}\beta_{ll}(\ln Lab_{it})^2$$

$$+ \frac{1}{2}\beta_{mm}(\ln Mac_{it})^2 + \frac{1}{2}\beta_{ff}(\ln Fer_{it})^2 + \frac{1}{2}\beta_{aa}(\ln Are_{it})^2 + \beta_{lm}\ln Lab_{it}\ln Mac_{it}$$

$$+ \beta_{lf}\ln Lab_{it}\ln Fer_{it} + \beta_{la}\ln Lab_{it}\ln Are_{it} + \beta_{mf}\ln Mac_{it}\ln Fer_{it}$$

$$+ \beta_{ma}\ln Mac_{it}\ln Are_{it} + \beta_{fa}nFer_{it}\ln Are_{it} + \beta_{t1}t + \frac{1}{2}\beta_{t2}t^2 + \beta_{t3}t\ln Lab_{it}$$

$$+\beta_{t4}t\ln Mac_{it}+\beta_{t5}t\ln Fer_{it}+\beta_{t6}t\ln Are_{it}+v_{it}-u_{it} \qquad (7.4)$$

式（7.4）中，Lab、Mac、Fer、Are 分别表示粮食作物生产过程中的劳动力、机械、化肥和耕地，t 表示时间趋势。本章粮食作物生产效率系数值采用第六章生产效率测算结果，即其他投入要素不变，用当前的产出水平除以当式（7.5）中 $u_{it}=0$ 时的产出水平。在计算农业劳动生产效率时，保持传统投入要素及产出水平不变，用可能达到最少的劳动力数量 Lab_{it}^{F} 替代当前的农业劳动力数量 Lab_{it}，在技术有效状态下，并且假设不存在效率损失，即 $u_{it}=0$。接下来关于劳动生产效率的生产函数为：

$$\ln y_{it}=\alpha_0+\alpha_{lab}\ln Lab_{it}^{F}+a_{mac}\ln Mac_{it}+a_{fer}\ln Fer_{it}+a_{are}\ln Are_{it}+\frac{1}{2}\beta_{ll}\left(\ln Lab_{it}^{F}\right)^{2}$$

$$+\frac{1}{2}\beta_{mm}(\ln Mac_{it})^{2}+\frac{1}{2}\beta_{ff}(\ln Fer_{it})^{2}+\frac{1}{2}\beta_{aa}(\ln Are_{it})^{2}+\beta_{lm}\ln Lab_{it}^{F}\ln Mac_{it}$$

$$+\beta_{lf}\ln Lab_{it}^{F}\ln Fer_{it}+\beta_{la}\ln Lab_{it}^{F}\ln Are_{it}+\beta_{mf}\ln Mac_{it}\ln Fer_{it}$$

$$+\beta_{ma}\ln Mac_{it}\ln Are_{it}+\beta_{fa}\ln Fer_{it}\ln Are_{it}+\beta_{t1}t+\frac{1}{2}\beta_{t2}t^{2}+\beta_{t3}t\ln Lab_{it}^{F}$$

$$+\beta_{t4}t\ln Mac_{it}+\beta_{t5}t\ln Fer_{it}+\beta_{t6}t\ln Are_{it}+v_{it}-u_{it} \qquad (7.5)$$

根据定义，劳动生产效率为 $LE_{it}=Lab_{it}^{F}/Lab_{it}$，对数形式为 $\ln LE_{it}=\ln Lab_{it}^{F}-\ln Lab_{it}$。进而联立式（7.4）和式（7.5），并且整理成关于 $\ln Lab_{it}^{F}-\ln Lab_{it}$ 的形式，可得：

$$\frac{1}{2}a_{ll}(\ln Lab_{it}^{F}-\ln Lab_{it})^{2}+(\delta_{it}+a_{lab}T+a_{ll}\ln Lab_{it})\times(\ln Lab_{it}^{F}-\ln Lab_{it})+\mu_{it}=0$$

$$(7.6)$$

式（7.6）中，$\delta_{it}=a_{lab}+\beta_{lm}\ln Mac_{it}+\beta_{lf}\ln Fer_{it}+\beta_{la}\ln Are_{it}+\beta_{ll}\ln Lab_{it}$。

$\ln Lab_{it}^{F}$ 表示技术有效状态可以实现的最小农业劳动力投工量，因此可看作是关于 $\ln Lab_{it}^{F}-\ln Lab_{it}$ 的一元二次方程，那么可以解得劳动生产效率为：

$$\ln LE_{it}=\{-(a_{lab}+\delta_{it})\pm[(a_{lab}+\delta_{it}+a_{lab}T+a_{ll}\ln Lab_{it})^{2}-2a_{ll}\mu_{it}]^{0.5}\}/a_{ll} \qquad (7.7)$$

式（7.7）中，劳动生产效率有两个解，考虑到生产效率为负数，且取值应该在0到1之间，因此，舍去其中大于1的解。

类似地，耕地利用效率和机械使用效率的求解方法与劳动生产效率相同。

7.3 我国生产集聚水平与单要素生产效率变动趋势

图7-2为生产集聚水平与单要素生产效率趋势图。从单要素生产效率来看，我国耕地利用效率和机械使用效率处于不断上升趋势，而劳动生产效率出现了较大幅度的波动。从生产集聚水平来看，在2009年和2010年生产集聚水平出现最高值，而劳动生产效率却是低值，耕地利用效率和机械使用效率依然缓慢上涨。接下来，分别分析不同要素效率的发展趋势。

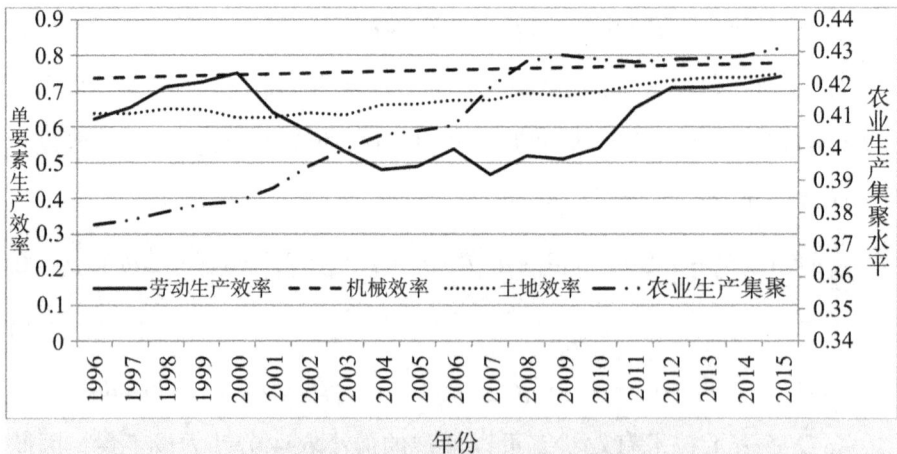

图7-2 1996—2015年生产集聚水平与单要素生产效率变动趋势

全国层面农业劳动生产效率。[1]随着劳动力不断外出，我国农业劳

① 全国层面效率值是由31个省（区、市）当期效率求平均所得。

动生产效率依然表现出不断上升的趋势。图7-2也列出了1996—2015年全国种粮劳动生产率变动情况，可以看出，我国农业种粮劳动生产效率总体上处于不断波动上升的趋势。从1996年的0.6225上升到2015年的0.7408，20年间上升了19%。而分阶段来看，劳动生产效率又表现出先上升后下降再上升的波浪线趋势，从1996年的0.6225到上升到2000年的0.7511，而随后下降到2004年的0.48。直到2009年劳动生产效率又出现了增长趋势，从2009年的0.51增长到2015年的0.7408。那么，在2004—2009年出现波动的可能原因是：一是受2008年国际金融危机的影响，我国企业、工厂同样出现了大面积的裁员，进而外出务工劳动力出现回流，导致劳动生产效率下降。二是随着农业机械化水平和生产集聚水平的不断上升，农业机械化缓解了劳动力约束，对农业劳动力的释放与替代，提高了农业劳动生产效率。

全国层面农业机械使用效率。随着农业现代化发展要求，我国农业机械化得到迅速发展，农业机械使用效率也表现出稳步缓慢上升趋势，从1996年的0.7365上升到2015年的0.7784，20年间上升了5.7%。但仍然存在25%的效率损失，这也许是受限于地形条件，地形条件越恶劣，农业机械化使用效率越低，而地形越平坦，越有利于农业大型机械作业，进而提高机械作业效率。

全国层面耕地利用效率。我国农业粮食作物耕地利用效率水平处于小幅度上升趋势，从1996年的0.6383上升到2015年的0.7483，20年间上升了17.23%。随着农业劳动力外出和农业机械化发展，推动了我国粮食作物规模化经营的同时，提高了耕地利用效率。另外，生产集聚水平的提高，带来规模化经营的同时，降低了效率损失，这是因为土地规模化经营后可以减少田埂而间接地扩大播种面积，进而播种面积有所增加，提高了耕地利用效率。

7.4 模型设定与变量选取

基于理论模型和机制分析，本书构建了一个生产集聚与单要素生产效率的面板数据模型，并用全国各地面板数据验证前文提出的假说，本书构建了面板数据模型，分别对单要素生产效率（劳动、机械、耕地）进行估计。

生产集聚水平与劳动生产效率模型设定如下：

$$LP_{it} = \beta_0 + \beta_1 Agg_{it} + \beta_2 X_{it} + \phi_i + \varphi_t + \eta_{it} \tag{7.8}$$

式（7.8）中，被解释变量 LP_{it} 表示省（区、市）层面农业劳动生产效率。本章将选择31个省（区、市）作为样本，同时选择1996—2015年的20年作为样本的时间阶段；X_{it} 表示控制变量，包括劳动力数量、户均耕地面积、农业人力资本、农业技术水平、非农就业比例和粮食作物与经济作物效益差。β_0-β_2 表示待估参数，ϕ_i 表示固定效应。φ_t 表示时间效应，η_{it} 为随机扰动项。

生产集聚水平与机械使用效率模型设定如下：

$$MP_{it} = \beta_0 + \beta_1 Agg_{it} + \beta_2 N_{it} + \phi_i + \varphi_t + \eta_{it} \tag{7.9}$$

式（7.9）中，被解释变量 MP_{it} 表示省（区、市）层面机械使用效率。本章将选择31个省（区、市）作为样本，同时选择1996—2015年的20年作为样本的时间阶段；N_{it} 表示控制变量，包括农业劳动力数量、农业人力资本、自然灾害、户均耕地面积、地形占比和户均农机补贴。β_0-β_2 表示待估参数，ϕ_i 表示固定效应。φ_t 表示时间效应，η_{it} 为随机扰动项。

生产集聚水平与耕地利用效率模型设定如下：

$$PP_{it} = \beta_0 + \beta_1 Agg_{it} + \beta_2 D_{it} + \phi_i + \varphi_t + \eta_{it} \tag{7.10}$$

式（7.10）中，被解释变量 PP_{it} 表示省（区、市）层面耕地利用效率。本章将选择31个省（区、市）作为样本，同时选择1996—2015年的20年作为样本的时间阶段；D_{it} 表示控制变量，包括农业劳动力数量、户均耕地面积、农业技术水平、地形占比和灌溉条件。β_0—β_2 表示待估参数，ϕ_i 表示固定效应。φ_t 表示时间效应，η_{it} 为随机扰动项。

变量具体设置如下，具体变量基本统计量参见表7-1。

表7-1　主要变量基本统计量

变量名称	符号		均值	标准差	最小值	最大值
生产集聚水平	Agg	总体	0.98	0.17	0.48	1.40
		组间		0.16	0.62	1.29
		组内		0.06	0.72	1.18
粮食作物产量	Y	总体	1651.76	1310.97	58.03	6242.19
		组间		1285.12	91.43	4676.15
		组内		343.22	363.78	4093.67
农业人力资本	Edu	总体	7.71	1.17	2.80	10.45
		组间		1.09	3.56	9.75
		组内		0.47	6.61	9.56
交通基础设施	Tra	总体	0.001	0.0012	1.09e-7	0.01
		组间		0.001	1.7e-4	0.006
				0.0007	-0.002	0.01
农业机械化水平	Mac	组内	1541.93	1672.73	39.70	8830.91
		总体		1549.20	61.79	6013.42
		组间		686.79	-1436.24	4573.49
机械使用程度/%	Zma	组内	0.39	0.23	0.01	1.02
		总体		0.19	0.04	0.75
		组间		0.14	0.04	0.81

续表

变量名称	符号			均值	标准差	最小值	最大值
户均耕地面积	Apl	组内		11.13	9.41	1.54	46.72
		总体			9.38	2.65	40.26
		组间			1.80	2.25	17.58
粮食作物与经济作物效益差/%	Pro	组内		26.14	48.95	−113.34	273.26
		总体			26.58	−28.01	74.84
		组间			41.37	−103.31	241.68
劳动力数量	Lab	组内		363.48	302.65	8.15	1783.39
		总体			291.67	13.67	1238.95
		组间			95.61	42.52	1229.52
非农就业比例/%	Non	组内		0.38	0.17	0.06	0.84
		总体			0.15	0.15	0.73
		组间			0.08	0.07	0.57

LP_{it} 表示劳动生产效率；MP_{it} 表示机械使用效率；PP_{it} 表示耕地利用效率。单要素效率计算数据来源于《中国统计年鉴》。由于选取样本为粮食作物，因此通过计算将劳动力换算为种粮劳动力和粮食作物机械化水平，进而更加准确地估算种粮劳动生产效率和机械使用效率。多数学者对单要素效率的衡量分为两种，一种是距离函数（王兵，2011），另一种是随机前沿生产函数（张晓恒，2015）。前者是通过利用计量经济方法或数学规划方法来直接加以估计，后者是一种确定性的前沿与计算投入和产出距离的非随机方法。由于本章沿用了第六章随机前沿生产函数的结果，为保持全文系统性，进而选取了随机前沿生产函数对单要素生产效率进行测算。

P_{it} 为劳动力价格，用农业生产中劳动力价格表示，通过计算各省粮食作物雇工工价的算术平均值而得，这一数据来源于《全国农产品成本收益资料汇编》。对于农业劳动力价格目前有三种衡量方式：一种是劳动力雇工价格（杨进等，2016），另一种是用劳动力外出就业的工资来表示，也有文献根据家庭劳动日工价和雇工工价分别作为衡量劳动力价格的代理变量。前者多用于宏观数据的分析，劳动力外出就业工资多用于微观数据分析。而用家庭劳动日工价和雇工工价并不能较好地反映劳动力价格，因为劳动力雇工价格是根据年收入计算而得[①]，因此本书选取劳动力雇工的工资作为种粮劳动力的价格的代理变量。根据研究假说，预期该变量的系数为负。

Lab_{it} 为农业劳动力数量，用种粮劳动力表示。数据来源于《中国农业统计年鉴》，由于选择粮食作物作为研究对象，因此通过计算各地实际用种粮劳动力才能够更加准确反映劳动力对粮食作物生产集聚的影响。借鉴杨勇、王跃梅（2013）采用权重系数法将粮食生产的投入要素分离出来。具体计算公式为：种粮劳动力=农林牧副渔从业人员×（农业产值/农林牧副渔总产值）×（粮食播种面积/农作物播种面积）。劳动力数量决定农业劳动生产率的高低以及提高速度的快慢（汪小平，2007）。

Are_{it} 为农业耕地面积，用粮食播种面积表示。这一数据来源于《中国农业统计年鉴》。在宏观数据中对土地经营规模的衡量大体分为两类，一类直接以耕地面积为划分对象，一般分为户均耕地面积（林万龙，2007；侯方安，2008；）和人均耕地面积（纪月清等，2013）。另一

---

① 劳动力工价是指每个劳动力从事一个标准劳动日的农业生产劳动的理论报酬，用于核算家庭劳动用工的机会成本。劳动日工价的计算公式为：某地某年劳动日工价=（本地上年农村居民人均纯收入×本地上年每个乡村从业人员负担人口数）/全年劳动天数（365天），每乡村从业人员负担人口数=乡村人口数/乡村从业人员数（指标解释来源于《全国农产品成本收益资料汇编》）。

类以播种面积作为代理变量（薛庆根等，2014）。本书认为由于各地存在复种情况，直接用耕地面积回归结果将存在较大差异，因此最后以各地粮食作物播种面积作为农业耕地面积的代理变量。

Zma_{it} 为农业机械化使用情况，用耕种收综合机械化率表示。这一数据来源于《中国农业机械工业年鉴》。多数学者对于农业技术水平的表示分为机械总动力（胡凌霄，2014）和耕种收综合机械化率（应瑞瑶、郑旭媛，2013）。由于机械总动力并没有更好体现采用情况和综合农地机械化率，进而本书采用综合机械化率来体现农业机械化水平。按照农业部制定《农业机械化管理统计报表制度》的指标界定，农作物耕种收综合机械化水平=机耕水平×0.4+机播水平×0.3+机收水平×0.3。其中，机耕水平=机耕面积/耕地面积；机播水平=机播面积/农作物播种面积；机收水平=机收面积/农作物播种面积；在测度机收水平时，因各地区农作物收获面积数据难以获得，为保证数据完整性，用农作物播种面积代替（郑旭媛、徐志刚，2013）。

Edu_{it} 为农业人力资本，用地区劳动力平均受教育年限来衡量，这一数据来源于《中国统计年鉴》。将统计年鉴中劳动力文化水平中文盲、小学、初中、高中、大专及以上的受教育年限分别用1、6、9、12、15年替换，再用劳动力人数加权求得。农户受教育程度的提高有助于农业技术的采用（颜廷武等，2010）。

7.5 实证回归结果

7.5.1 生产集聚与劳动生产效率回归结果

在进行模型估计时，首先对种粮劳动力效率、农业资本存量、户均耕地面积和生产集聚水平进行了对数化处理，为避免二次项出现多重共线性，首先将二次项标准化①后再进行进一步处理。对于面板数据模型，如果不可观测的随机变量与模型中任意一个解释变量相关，则为"固定效应模型"，而如果与任何一个解释变量均不相关，则为"随机效应模型"。然而从一般性的经济逻辑上分析，随机效应模型比较少见（陈强，2014），因为个体的异质性总是会跟某个解释变量存在一定的相关性，但在统计意义上，依然需要采用某些检验方法进行检验。本书将采用Sargan–Hansen检验来确定模型的具体类型，进而通过Sargan–Hansen检验最后结果选择固定效应模型。表7–2汇报了生产集聚与农业劳动生产效率的回归结果。

表7–2中模型（1）估计结果显示，生产集聚水平的系数为正，且在5%的水平上显著，表明生产集聚水平的上升对劳动力生产效率有显著的促进作用，生产集聚水平每提高1%，劳动力生产效率就会增加0.27%。这说明我国生产集聚水平上升符合产业集聚理论和新经济地理理论带来的集聚效应，进而验证了前文假说。粮食作物生产集聚促进劳动生产效率的路径又表现为三个方面，其一是粮食作物生产集聚通过土地经营权流转，扩大单个农户的土地经营面积，降低人地比例关系，提高劳动土地占有量，从而提高农业劳动力劳均产出水平。其二是生产集聚水平较高意味着能够有效地发挥当地资源优势，能够有效降低劳动供给和劳动需求之间对接的交易成本，从而提高劳动生产效率。其三是技术溢出效应，集聚水平的提高也为农户与企业（或销售商）提供了技术交流的平台，从而能够促进新技术的创新和应用，并带动了地区劳动生产率的提高。

---

① 具体操作为：$X^2 = \mathrm{std}X^2$。

表7-2 生产集聚与劳动生产效率回归结果

解释变量	符号	模型(1)	模型(2)
生产集聚	Agg	0.2664*** (10.34)	0.2568*** (9.66)
生产集聚平方项	Agg²	—	0.0537*** (5.34)
劳动力数量	Lab	−0.9075*** (−29.62)	−0.8963*** (−30.19)
户均耕地面积	Apl	0.6983*** (17.93)	0.5724*** (13.47)
人力资本	Edu	0.0282 (1.45)	0.0023 (0.19)
农业技术水平	Mac	0.1153*** (3.55)	0.1335*** (4.24)
非农就业比例	Non	0.3715*** (4.00)	0.432*** (4.79)
粮食作物与经济作物效益差	Pro	−0.0002** (−2.27)	−0.0001** (1.98)
常数项	Cons	−0.1562 (−0.58)	0.518* (1.84)
样本数	N	620	620
F(prob>F)		513.95 (0.0000)	507.1 (0.0000)

注：*、**、***分别表示10%、5%和1%的置信水平上具有统计显著性；
模型（1）、模型（2）括号内为估计叙述的t统计量。

此外，在控制变量中对劳动生产效率具有促进作用的变量包括户均耕地面积、农业技术水平和非农就业比例。接下来分别阐述其内在原因，农业技术水平促进劳动生产效率的提高是由于劳动力大量外出，农业机械化对劳动力具有强烈的替代作用。在大规模耕地下，农业机械作业效率高于劳动力作业效率，较少的劳动力就可以实现规模化经营，大大提高了劳动生产效率，释放了大量农业劳动力，进而非农产业的发展带动了农村剩余劳动力就业。非农就业比例越高，表明当地经济发展水平越高，并且非农产业的发展也进一步带动我国农业机械化水平的提高。在机械化水平不断提高的背景下，非农劳动力就业水平提高了劳动生产效率。控制变量中阻碍劳动生产效率的变量有农业劳动力数量，可以看出，当前农业生产已不再需要大量农业劳动力，在农业机械化水平不断完善的背景下，当农业劳动力较少时，而通过农业机械化作业便可完成农业生产，进而过量的农业劳动力反而阻碍了劳动力生产率的提高。

为进一步观测生产集聚水平的发展趋势，模型（2）是在模型（1）基础上加入了生产集聚二次项，其回归结果可以看出，生产集聚水平提高对劳动生产效率具有促进作用，无论是一次项还是二次项，生产集聚水平对劳动生产效率均表现出线性的递增趋势。结果表明，生产集聚对劳动生产效率具有集聚效应。

7.5.2 生产集聚与耕地利用效率回归结果

本小节主要考虑生产集聚对耕地利用效率的影响。在进行模型估计时，首先对耕地利用效率、户均耕地面积和生产集聚水平等变量进行了对数化处理。同时本书通过Sargan-Hansen检验最后结果选择固定效应模型。表7-3汇报了生产集聚与土地产出效率的回归结果。

表7-3为模型（3）的估计结果。估计结果显示，生产集聚水平的系数为正，且在5%的水平上显著，表明生产集聚水平的上升对耕地利用效率有显著的促进作用，生产集聚水平每提高1%，劳动生产效率就会增加0.0002%。生产集聚促进耕地利用效率的提高主要体现在两个方面：其一是生产集聚通过规模效应促进土地规模的不断扩大，进而降低

了亩均生产资料投入成本，进一步提高了耕地利用效率。其二是在农机利用方面，随着土地规模的扩大，从使用小功率机械到集体联合作业生产而使用大功率机械，不仅提高了机械使用效率，也间接提高了土地生产效率，尤其水稻作物在抢种抢收时，随着土地规模的扩大，在农业生产过程中大型农机作业提高了耕地利用效率。

表7-3　生产集聚与耕地利用效率回归结果

解释变量	符号	模型（3）	模型（4）
生产集聚	Agg	0.0002*** （5.12）	−0.0723* （−1.89）
生产集聚平方项	Agg^2	—	0.00002*** （2.65）
劳动力数量	Lab	−0.0011 （−0.55）	−0.0016 （−0.85）
户均耕地面积	Apl	0.035*** （3.72）	0.0446*** （4.37）
农业技术水平	Mac	0.0012*** （5.19）	0.0127* （1.65）
地形占比	Ter	−0.0052*** （−2.88）	−0.0053*** （−2.95）
灌溉条件	Irr	0.1346** （2.49）	0.1012* （1.82）
常数项	Cons	−0.8980*** （−7.76）	−1.096*** （−7.82）
样本数	N	620	620
F （prob>F）		76.59 （0.0000）	71.81 （0.0000）

注：*、**、***分别表示10%、5%和1%的置信水平上具有统计显著性；
模型（3）、模型（4）括号内为估计叙述的t统计量。

此外，在控制变量中对耕地利用效率具有促进作用的变量包括农业技术水平、灌溉比例和户均耕地水平。农业技术水平显著促进耕地利用效率的提高，这也是我国农业发展趋势的发展目标和方向。农业技术水平通过对劳动力的替代，在较短时间内完成大规模耕地的农业生产，但从当前农业综合机械化率水平上看，依然存在部分地区或部分环节的农业机械化程度较低现象，因而也是未来突破的方向。另外，灌溉条件促进耕地利用效率的提高。由于粮食作物尤其水稻作物，在生产过程中水稻产量与农用水息息相关，直接影响着作物的产量。灌溉条件越好，粮食作物受旱灾的可能性越小，粮食产量越高；户均耕地对耕地利用效率具有促进作用，主要路径为户均耕地越多，农业机械化利用效率越高，进而促进了土地生产效率。控制变量地形条件阻碍耕地利用效率的提高，是由于农业机械的使用受地形的影响较大。当前的农业机械还不能克服恶劣地形下的农业生产，农业机械的使用受到制约，无法实现农业规模化生产作业，那么地形条件就阻碍了耕地利用效率的提高（郑旭媛，2017）。

同样，表7-3中模型（4）是在模型（3）基础上加入生产集聚二次项，以观测生产集聚水平对耕地利用效率是否存在拐点。从回归结果可以看出，随着生产集聚水平的提高，对耕地利用效率呈现U形关系，表现出生产集聚初期对耕地利用效率出现了拥堵效应，之后又出现了集聚效应，这可能是由于在集聚初期阶段，某地区大量土地的集中和连片经营，造成农业劳动力无法短时间内完成农业生产时，且农业基础设施和农业生产资料的投入很难在短时间内与之配套，进而与过去小规模传统农业相比，反而降低了耕地利用效率。但是，随着生产集聚的不断增长，农业基础设施、生产资料的配套完善并协调发展从而实现农业现代化发展，促进了耕地利用效率。

7.5.3 生产集聚与机械使用效率回归结果

在资本投入效率中，本书主要考察了农业机械的投入使用效率。因此，此处主要分析生产集聚水平对农业资本投入中机械使用效率的影响。在进行模型估计时，首先对机械使用效率、户均耕地面积和生产集聚水平以及生产集聚二次项等变量进行了对数化处理。同时本书通过Hausman检验最后结果选择固定效应模型。表7-4汇报了生产集聚与机械使用效率的回归结果。

表7-4是模型（3）的回归结果。估计结果显示生产集聚的系数为正，且在5%水平上显著，表明生产集聚水平对机械使用效率具有促进作用，生产集聚水平每提高1%，机械使用效率提高0.0002%。生产集聚水平对机械使用效率具有促进作用主要体现在以下几个方面。随着生产集聚水平的提高，一方面，农户的联合生产促进了农业机械化的使用，降低了农业机械化的时间成本、道路里程等生产成本，进而农业机械化利用效率有所提高。另一方面，生产集聚水平的提高意味着土地规模化经营，进而有利于大型机械的作业和使用，大型机械无论在马力上还是作业效率上都高于小型机械，进而整体上提高了农业机械使用效率。

此外，在控制变量中，农业人力资本、户均耕地面积和户均农业补贴对农业机械使用效率具有促进作用。户均耕地面积对农业机械使用效率的提高具有促进作用体现在农业耕地规模在不断扩大，更有利于机械作业，提高农业机械使用效率。户均农机补贴也是一种促进农业机械化的直接动力，农机补贴直接效应表现在增加了购机农户的农业收入，降低了购机成本，促进农户农机使用，提高了农业机械使用效率。而随着农业技术水平不断提高，必然要求现代农业劳动力的文化水平与之匹配，才能够更好达到效率最大化。控制变量中劳动力数量、自然灾害和地形占比对农业机械使用效率具有阻碍作用，由于农业机械化对农业劳动力具有较好的替代，释放了大量农业劳动力，然而当出现过多农业劳动力时，必然有闲置劳动力进行农业生产而不选择农业机械化。一般情况下农业机械化的工作效率高于农业劳动力。在地形条件较为恶劣的情况下，农业劳动力的生产效率高于农业机械使用效率。农业劳动力过多对农业机械化的使用具有阻碍作用。而地形条件也是进行农业机械化作业的限制条件，地形越平坦农业机械化程度越高，机械使用效率越高。否则，与之相反。

表7-4 生产集聚与农业机械使用效率回归结果

解释变量	符号	模型(5)	模型(6)
生产集聚	Agg	0.0002*** (9.29)	−0.2251*** (−3.26)
生产集聚平方项	Agg²	—	0.0001*** (9.06)
劳动力数量	Lab	−0.00003* (−1.74)	−0.00003 (−1.59)
农业人力资本	Edu	0.2692*** (11.8)	0.2953*** (12.33)
自然灾害	Dis	0.0154 (0.31)	0.0171 (0.35)
户均耕地面积	Apl	0.1612*** (8.83)	0.1567*** (8.64)
地形占比	Ter	−0.0171*** (−4.00)	−0.0175*** (−4.13)
户均农机补贴	Sub	0.0006*** (10.89)	0.0006*** (11.16)
常数项	Cons	−2.3268*** (−8.49)	−2.7538*** (−9.15)
样本数	N	620	620
F (prob>F)		236.74 (0.0000)	223.12 (0.0000)

注：*、**、***分别表示10%、5%和1%的置信水平上具有统计显著性；
模型（5）、模型（6）括号内为估计叙述的t统计量。

为进一步观测生产集聚水平对机械使用效率的发展趋势，模型（6）在模型（5）基础上加入了生产集聚二次项，结果显示生产集聚水平生产集聚一次项为负，且在5%水平上显著，表明生产集聚后对机械使用效率具有阻碍作用，这也许是由于生产集聚的出现对于机械化水平的提高具有一定的滞后性，这也是由于生产集聚初期阶段农业机械化在短时间内难以快速生产和使用，带来土地规模与现代化技术不匹配现象，而在生产集聚的二次项中可以看出，生产集聚水平的提高对机械使用效率具有促进作用。

7.6 本章小结

本章的分析主要考察了生产集聚对农业生产资料中投入要素（劳动力、耕地和机械）的影响程度。生产集聚水平的不断提高，对我国粮食生产效率具有促进作用，然而对我国农业生产资料中各投入要素——单要素生产效率产生怎样的影响？本章针对这个问题进行了深入探索和分析。通过面板数据模型，利用省（区、市）层面面板数据，并分别对单要素生产效率选取各自重要的影响因素作为控制变量，分析生产集聚对各单要素生产效率的影响。

在本章的分析中，可以得出以下几个主要结论。

（1）生产集聚水平的提高，对我国农业劳动生产效率具有促进作用，并且表现出线性发展趋势，无论是生产集聚水平一次项，还是生产集聚水平二次项均表现出对农业劳动生产效率具有促进作用。也就是说生产集聚水平对农业劳动生产效率具有集聚效应和长期效应。

（2）生产集聚水平的提高对我国耕地利用效率具有促进作用。然而，短期来看，生产集聚水平对耕地利用效率呈现U形发展趋势，即生产集聚初期阶段对耕地利用效率具有抑制作用，而随着生产集聚水平的提高和农业基础设施的不断完善，生产集聚水平对耕地利用效率的提高出现了拐点，呈现出不断上升的趋势，这也是由于农业生产资料和农业基础设施等配套设施不断完善带来的。

（3）生产集聚水平对农业机械使用效率的影响与耕地利用效率的影响类似。总体来看，生产集聚水平的提高促进我国农业机械使用效率的提高。然而，短期内生产集聚水平对农业机械化效率呈现出U形发展趋势，即生产集聚形成初期阶段对机械的需求高于传统农业对农业机械的需求，而短时间内农业机械化还不能较好供应或与之匹配时，表现出降低了农业机械使用效率，而随着农业机械化技术的不断提高，长期来看，生产集聚水平对农业机械化效率的发展又表现出促进作用。

（4）综合来看，生产集聚水平对单要素生产效率均具有促进作用，但随着加入生产集聚二次项后表现出对单要素生产效率的影响系数有所下降。这也许是由于我国生产集聚水平的提高，对地区基础设施、农业生产资料、交通等还没出现明显的拥堵效应或膨胀效应，而是集聚效应占主导地位，即不断提高我国农业生产水平和生产效率。

8 研究结论及政策建议

　　进入21世纪以来，尽管我国粮食作物产量持续增长，到2015年实现"十二连增"，全国粮食总产量达62143.5万吨，与2014年相比，增长了2.4%。其中，我国粮食作物播种面积113340.5千公顷，比2014年增加了617.9千公顷，增长了0.5%。全国粮食平均单产5482.9千克，比上年增产97.8千克，提高了1.8%。与此同时，农业粮食作物生产集聚水平也表现出不断上升的趋势。根据基尼系数的测算，我国生产集聚水平从1996年的0.3762上升到2015年的0.4311，上升了14.59%。随着工业化、城镇化的迅速发展为农村剩余劳动力提供了非农就业机会，地区间资源禀赋优势、农业技术水平等农业现代化水平的提高也为生产集聚提供了条件。

　　在研究内容上，首先，本书深入分析哪些因素影响了生产集聚水平的提高。其次，分析生产集聚水平的提高对我国粮食生产效率的提高是否具有促进作用。最后，在估计对粮食作物总效率的基础上，分析生产集聚水平是否对农业生产中单要素生产效率产生不同影响。

　　正是在此背景下，在分析我国生产集聚水平与粮食生产效率的基础上，本书采用全国省（区、市）层面数据对以上问题进行实证分析，得到如下结论与政策启示。

8.1 研究结论

8.1.1 生产集聚表现出逐年增加且稳定上升趋势

第四章在分析我国生产集聚现状及演变趋势时，分别通过基尼系数、区位熵指数、平均集聚率、空间自相关等方法对国家层面和省（区、市）层面生产集聚进行了描述性统计分析，结果表明：首先，从时间层面上，我国粮食作物生产集聚水平逐渐增长，从1996年的0.3762上升到2015年的0.4311，上升了14.59%。其次，分作物来看，豆类作物生产集聚水平处于先上升后下降的波动趋势，从1996年的0.4585先上升到2006年的0.6012后又下降到2015年的0.5764，20年总体上升了25.71%。豆类作物生产集聚水平最高值出现在2016年，基尼系数为0.6012，随之出现小幅度下降趋势；薯类作物生产集聚水平总体处于下降趋势，从1996年的0.4979下降到2015年0.3699，20年间下降了25.71%。再次，我国生产集聚水平的专业化程度处于不断上升的趋势。全国层面区位熵指数均值从1996年的0.9506上升到2015年的1.003，上升了5.5%。最后，我国粮食作物具有空间依赖性。粮食作物作为土地密集型大田作物，在空间上表现出明显的集聚特征。然而，从时间趋势来看，粮食作物中依然表现出不同作物不同的空间依赖性趋势，分别为逐渐增强的空间集聚特征、缓慢下降的空间集聚特征和逐渐表现出空间集聚特征。

8.1.2 地区农业资源禀赋优势是推动生产集聚水平提高的关键因素

第五章首先分析了生产集聚的形成机理，从自然因素、社会变革到生产集聚的逐步形成与演变。其次，通过1996—2015年宏观省际数据分析了地区农业资源禀赋对生产集聚水平的影响，且进一步分析地区农业资源禀赋的发展对生产集聚的长远影响。

实证结果显示，地区农业资源禀赋中耕地数量、农业技术水平、农业劳动力数量和农业资本存量均对生产集聚水平的形成具有显著的促进作用，这也符合资源优势论中农业相对资源较为丰富的地区生产效率高于其他地区。从各个资源禀赋内部来看，农业耕地数量、农业技术水平、农业资本存量和农业劳动力数量每提高一个单位，生产集聚水平分别提高0.01%、0.19%、0.0448%和0.244%个单位。除此之外，为控制技术进步和经济发展水平较快的直辖市发展水平影响回归结果的准确性，又进一步剔除北京、上海、天津、重庆四个直辖市，结果依然显示农业资源禀赋对生产集聚水平具有促进作用，与全国数据相比，剔除直辖市的数据中农业耕地数量和农业资本数量回归结果高于全国数据回归结果，而农业技术水平和农业劳动力数量数据低于全国数据回归结果。这正是由于直辖市地区经济发展惠普和技术进步高于其他地区引起的。

然而，需要强调的是，为进一步验证农业资源禀赋的发展对生产集聚水平的影响方向如何，是否资源禀赋投入越多生产集聚水平越高，实证回归结果显示，农业耕地数量和农业技术水平呈现出U形发展趋势，而农业劳动力数量和农业资本存量呈现倒U形发展趋势。这也是由于生产集聚是一个系统性的过程，而不是简单的某个要素的集聚或集中。生产集聚形成初期，需要大量的农业劳动力和资本，而随着生产集聚水平的提高，过多的劳动力和资本存量集聚在某一区域，由于竞争充分或过剩现象将阻碍粮食作物生产集聚水平的进一步发展。在剔除四个直辖市后的数据中依然呈现出一致的结论。

8.1.3 生产集聚对粮食生产效率具有促进作用

在掌握不同资源禀赋发展趋势和我国农作物中粮食作物生产集聚水平历史演变特征的基础上，第六章进一步分析生产集聚水平对粮食生产效率表现出的作用。因此，首先对我国省（区、市）间粮食生产效率进行测算，其次对我国生产集聚与粮食生产效率的影响进行实证分析。关于生产集聚与粮食生产效率得到如下结论。

首先，通过面板数据模型和面板数据工具变量模型分别对生产集聚与粮食生产效率进行检验，结果显示生产集聚水平的提高对粮食生产效率具有显著促进作用。该结果也表明，生产集聚初期表现出农业生产资源或投入要素未能及时有效地与生产集聚水平达成一致，而随着农业生产资料、投入要素和配套设施的不断完善，生产集聚进一步促进我国粮食生产效率的提高。

其次，通过采用随机前沿生产函数对我国粮食作物生产效率进行测算，结果表明我国粮食作物生产效率从1996年的0.735上升到0.781，上升了6.3%。并且不同区域间表现出明显的差异化。从总体发展情况来看，我国生产集聚水平与粮食生产效率均表现出逐年上升的趋势。从总体分布情况来看，生产集聚水平处于较高区间时，粮食生产效率也处于较高水平。且生产集聚水平与粮食生产效率分布的两端仅包含了样本的33%。从不同产区来看，我国粮食主产区生产效率均高于非主产区粮食生产效率，2015年粮食主产区与非主产区生产效率分别为0.776和0.672，两者相差0.104。粮食主产区生产集聚水平同样明显高于非主产区，2015年粮食主产区和非主产区生产集聚水平分别为1.063和0.983，两者相差0.08。从对我国地理层面划分的东中西区域来看，2015年我国东部地区、西部地区和中部地区的粮食生产效率依次为 0.822、0.703 和 0.815，与 1996 年相比分别上涨了 5%、9.3% 和 5.2%；根据不同经济发展水平地区的划分来看，2015 年东北地区、北部沿海地区、东部沿海地区、南部沿海地区、黄河中游地区、长江中游地区、西南地区和大西北地区粮食生产效率分别为 0.895、0.808、0.938、0.735、0.675、0.852、0.735、0.702。

8.1.4 生产集聚水平对单要素生产效率具有促进作用

通过对生产集聚与粮食生产效率的验证，第七章进一步深入分析生产集聚对粮食作物投入要素效率水平影响，即生产集聚对单要素生产效率的影响，包括耕地、劳动力和机械三个方面。因此，本书依然采用省际面板数据和随机前沿生产函数分析单要素效率的变动趋势，并通过面板数据模型分别分析生产集聚与单要素生产效率的关系。

实证结果显示，生产集聚水平对单要素生产效率具有促进作用。从不同单要素生产效率来看，随着农业劳动力的不断外出，生产集聚对劳动生产效率呈现线性发展趋势，即无论是一次项还是二次项均具有显著促进作用。随着农业机械化水平的提高和农业技术水平的提高，我国生产集聚对农业机械使用效率的影响呈现出 U 形关系，即生产集聚初期对农业机械使用效率并没有带来促进作用，但随着生产集聚水平的发展，对农业机械化效率呈现出促进作用，这也是生产集聚形成初期，农业机械化水平的提高存在滞后性。随着土地规模化、农业现代化的发展，我国生产集聚对耕地利用效率的影响表现出倒 U 形关系，这与多数学者认为的规模过大带来的效率损失结论一致。

8.2 政策建议

8.2.1 因地制宜发展特色农业集聚区

我国生产集聚水平整体上处于中度水平，受到区域间农业资源禀赋差异、地区间经济发展水平和地形条件的影响和制约，我国粮食作物的发展受到诸多限制，从而我国粮食作物生产集聚水平未能达到发达国家水平。我国地形条件较为恶劣的城市或地区并不是不能发展特色农业，而是要因地制宜发展具有比较优势的农业产业，如北京郊区发展特色经济作物，山东寿光发展蔬菜基地等等。具体来讲，因地制宜，根据比较优势发展特色农业又表现为以下几方面。

一方面，符合市场地位且找准市场定位。具有特色的农业产区根据自身比较优势、资源禀赋和历史背景等特点，拓宽其农业发展思路和发展渠道，根据其特色农业产业体系，培养具有针对性的因地制宜的优势特色农业产业集聚区，不断提高我国粮食生产效率和单要素生产效率。

另一方面，构建和完善标准农业生产示范区。农业生产示范区是以新型经营农民为主体，以现代科学技术和装备条件为支撑，采用现代化经营的方式标准化生产基地，同时也是生产集聚区的另一种表现形式。农业生产示范区具有产业布局合理、组织方式先进、资源利用高效和生产效率水平较高的特点，对地区农业发展具有一定的带动和促进作用。因此，在此基础上进行科学规划，积极构筑并扩大地区地理标识和产品标准化生产示范区。

8.2.2 强化专业化优势区域

粮食作物受自然条件、地形以及气候的影响较大，且地区间巨大差异导致了粮食作物空间种植的非均衡性。因此，强化专业化优势区域的生产是提升粮食作物专业化水平的有效手段。以粮食作物中水稻作物为例，强化专业化优势种植主要包括以下几个方面：一方面要加强高标准农田建设，改善农业生产条件。通过保障农业基础设施，来促进规模化经营，乃至高标准农田建设等。另一方面是重视地方专业市场建设，专业市场规模越大，其辐射的范围越大，越能够促进该地区的经济发展，技术溢出等多样化的共享性资源，从而促使产业内不同行为主体的空间集聚，加速产业区的形成。

8.2.3 提高集聚区比较优势

诺贝尔经济学奖得主舒尔茨（2006）曾指出将"弱小的传统农业改造为一个高生产率的经济部门"，而这正是在中国特定经济背景下解决"三农问题"的有效手段。在改造传统农业的过程中，提高农业土地生产率和劳动生产率是必经之路。当前，对集聚区形成起主导作用的生产率优势并不十分突出。因此，显著提升集聚区生产率相对优势，变相对优势为绝对优势，是保障集聚区稳定发展的关键。

首先，要进一步提高生产集聚区耕地利用效率的比较优势。一是根据土地的适宜性，合理规划土地利用方向。要充分发挥不同土地类型的比较优势，做到物尽其用。二是生产集聚区的政府要进一步推动、加强地区内部土地流转，走集约化发展道路。要以完善土地流转机制为抓手，重点培育土地流转中介服务组织、建立土地流转信息公开机制和土地流转纠纷解决机制。三是提高土地投入中的活劳动和物化劳动。要善于向土地中追加投资，不断改良土地，从而达到提升耕地利用效率的目的。

其次，要进一步提升集聚区农业劳动生产率。可以从两方面着手，一是合理确定和优化农业生产布局。要依据自然禀赋、历史因素等约束性条件，合理确定集聚区的农业生产布局。二是积极培育新型农民。要建立、健全对农民的再教育体系，积极开展各项培训工作，让农民懂技术、会技术。三是加强技术创新，规范新型农业科技推广体系建设。要加大农业科技研发资金的投入；保障科技推广部门、合作社，企业对公益性、准公益性科技以及私人技术的有效供给。四是进行土地适度规模经营。将劳动力和土地资源配置进一步优化，以便促进劳均产出增加。此外，在提升集聚区土地生产率、劳动生产率的过程中，应正确处理两者的内在关系。实际操作中，不能单纯的只提高某一生产率，而应根据我国"地少人多"的基本国情，在努力提高土地生产率的基础上致力于提升劳动生产效率。

8.2.4 加大政策、资金扶持力度，优化集聚区发展环境

生产集聚区发展前期一般都需要巨大的资金投入，包括基础设施建设、相应的技术指导和技术支持。由于交通条件因素对农业生产集聚有着显著的正向作用，各个地区应当加大对农业产业集聚区的政策、资金扶持力度，用于农村道路和卫生设施等基础环境的改善，集中提升硬件条件。同时，各个城市也要注重开展现代农民和专业化服务人员培训，提高农业科技水平，优化生产集聚区发展的软环境。

参考文献

[1]曹光乔,周力,易中懿,等.农业机械购置补贴对农户购机行为的影响——基于江苏省水稻种植业的实证分析[J].中国农村经济,2010(6):38-48.

[2]曹阳,胡继亮.中国土地家庭承包制度下的农业机械化——基于中国17省(区、市)的调查数据[J].中国农村经济,2010(10):57-65,76.

[3]常青,张建华.丹麦与中国农业合作社之比较研究[J].农业经济问题,2011,32(2):25-31,110.

[4]陈宝峰,白人朴,刘广利.影响山西省农机化水平的多因素逐步回归分析[J].中国农业大学学报,2005(4):115-118.

[5]陈超,李寅秋,廖西元.水稻生产环节外包的生产率效应分析——基于江苏省三县的面板数据[J].中国农村经济,2012(2):86-96.

[6]陈刚,王燕飞.农村教育、制度与农业生产率——基于中国省级层面数据的实证研究[J].农业技术经济,2010(6):18-27.

[7]陈国亮,陈建军.产业关联、空间地理与二三产业共同集聚——来自中国212个城市的经验考察[J].管理世界,2012(4):82-100.

[8]陈建军,陈国亮,黄洁.新经济地理学视角下的生产性服务业集聚及其影响因素研究——来自中国222个城市的经验证据[J].管理世界,2009(4):83-95.

[9]陈来,杨文举.中国农业劳动生产率的稳态趋同:产出增长率与劳动力转移的影响[J].产业经济研究,2005(2):11-16.

[10]陈培勇,陈风波.土地细碎化的起因及其影响的研究综述[J].中国土地科学,2011,25(9):90-96.

[11]陈甜,肖海峰.中国粮食作物地理集聚的时空演化及效应分析[J].农业经济与管理,2014(4):35-41.

[12]陈伟莲,张虹鸥,王蓉蓉,等.广东省主要农产品的空间集聚度及其影响因素分析[J].安徽农业科学,2009,37(20):9704-9705,9708.

[13]陈锡文,陈昱阳,张建军.中国农村人口老龄化对农业产出影响的量化研究[J].中国人口科学,2011(2):39-46,111.

[14]陈锡文.农村土地制度改革不能突破三条底线[J].国土资源导刊,2013,10(12):38-39.

[15]陈心颖.人口集聚对区域劳动生产率的异质性影响[J].人口研究,2015,39(1):85-95.

[16]仇焕广,刘乐,李登旺,等.经营规模、地权稳定性与土地生产率——基于全国4省地块层面调查数据的实证分析[J].中国农村经济,2017(6):30-43.

[17]但小平,蔡斌,赵婷.推进土地规模经营发展特色现代农业[J].农业科技通讯,2008(9):27-29.

[18]邓家琼.世界农业集中:态势、动因与机理[J].农业经济问题,2010,31(09):17-25,110.

[19]邓宗兵,封永刚,张俊亮,等.中国种植业地理集聚的时空特征、演进趋势及效应分析[J].中国农业科学,2013,46(22):4816-4828.

[20]董莹,穆月英.农业技术进步、农村劳动力转移对地区工资与收入差距的影响——基于SFA-CGE两阶段模拟分析[J].北京理工大学学报(社会科学版),2015,17(5):91-98.

[21]杜建军,张军伟,邵帅.供给侧改革背景下中国农业产业集聚的形成演变研究[J].财贸研究,2017,28(5):33-46,99.

[22]杜志雄,肖卫东,詹琳.包容性增长理论的脉络、要义与政策内涵[J].中国农村经济,2010(11):4-14,25.

[23]段亚莉,何万丽,黄耀明,等.中国农业机械化发展区域差异性研究[J].西北农林科技大学学报(自然科学版),2011,39(6):210-216.

[24]高帆.结构转化、资本深化与农业劳动生产率提高——以上海为例的研究[J].经济理论与经济管理,2010(2):66-73.

[25]高帆.我国粮食生产的地区变化:1978—2003年[J].管理世界,2005(09):70-78,87.

[26]高帆.中国农业生产率提高的优先序及政策选择[J].经济理论与经济管理,2008(8):12-19.

[27]高鸣,宋洪远,Michael Carter.粮食直接补贴对不同经营规模农户小麦生产率的影响——基于全国农村固定观察点农户数据[J].中国农村经济,2016(8):56-69.

[28]高强,孔祥智.农业科技创新与技术推广体系研究:日本经验及对中国的启示[J].世界农业,2012(8):9-16.

[29]郜亮亮,冀县卿,黄季焜.中国农户农地使用权预期对农地长期投资的影响分析[J].中国农村经济,2013(11):24-33.

[30]顾莉丽.中国粮食主产区粮食产量波动研究[J].安徽农业科学,2011,39(20):12458-12461.

[31]禺小明,张宗益,康继军.我国农业机械化进程中能源效率的影响因素研究[J].软科学,2012,26(3):51-56.

[32]侯方安.农业机械化推进机制的影响因素分析及政策启示——兼论耕地细碎化经营方式对农业机械化的影响[J].中国农村观察,2008(5):42-48.

[33]胡冰川,吴强,周曙东.粮食生产的投入产出影响因素分析——基于江苏省粮食生产的实证研究[J].长江流域资源与环境,2006(1):71-75.

[34]胡雪枝,钟甫宁.人口老龄化对种植业生产的影响——基于小麦和棉花作物分析[J].农业经济问题,2013,34(2):36-43,110.

[35]黄海平,龚新蜀,黄宝连.基于专业化分工的农业产业集群竞争优势研究——以寿光蔬菜产业集群为例[J].农业经济问题,2010,31(4):64-69,111.

[36]黄季焜,杨军,仇焕广,等.本轮粮食价格的大起大落:主要原因及未来走势[J].管理世界,2009(1):72-78.

[37]黄金波,周先波.中国粮食生产的技术效率与全要素生产率增长:1978-2008[J].南方经济,2010(9):40-52.

[38]黄贤金,哈瑞柯,卢本,等.中国农村土地市场运行机理分析[J].江海学刊,2001(2):9-15.

[39]黄修杰,钟钰.农产品区域布局与农业经济增长研究——基于广东省主要农产品空间布局变化的实证检验[J].中国农业资源与区划,2017,38(7):101-107.

[40]黄祖辉,王建英,陈志钢.非农就业、土地流转与土地细碎化对稻农技术效率的影响[J].中国农村经济,2014(11):4-16.

[41]纪月清,王亚楠,钟甫宁.我国农户农机需求及其结构研究——基于省级层面数据的探讨[J].农业技术经济,2013(7):19-26.

[42]纪月清,钟甫宁.农业经营户农机持有决策研究[J].农业技术经济,2011(5):20-24.

[43]贾琳,夏英.我国种粮农户耕地流转的基本特点及政策启示[J].中国农业资源与区划,2017,38(4):35-40.

[44]贾兴梅,李平.农业集聚度变动特征及其与农业经济增长的关系——我国12类农作物空间布局变化的实证检验[J].中国农业大学学报,2014,19(1):209-217.

[45]姜岩,朱晓莉,周宏,等.气候变化对江苏水稻生产效率变动的影响

[J].农业技术经济,2015(12):109-116.

[46]姜长云,芦千文.推进农业供给侧结构性改革的亮点、难点和启示
——对吉林省长春市和白城市的调研[J].中国发展观察,2017(Z3):109-112.

[47]姜长云.面向产业集群发展生产性服务业[J].新理财(政府理财),
2010(8):42-44.

[48]姜长云.着力发展面向农业的生产性服务业[J].宏观经济管理,
2010(9):38-39.

[49]姜长云.中国粮食安全的现状与前景[J].经济研究参考,2012(40):
12-35.

[50]蒋和平,蒋辉.农业适度规模经营的实现路径研究[J].农业经济与
管理,2014(1):5-11.

[51]李博伟,徐翔.生产集聚、技术支撑主体嵌入对农户采纳新技术行
为的空间影响——以淡水养殖为例[J].南京农业大学学报(社会科学版),
2018,18(1):124-136,164.

[52]李二玲,史焱文,李小建.基于农业产业集群的农业创新体系结构
分析——以河南省鄢陵县花木产业集群为例[J].经济地理,2012,32(11):
113-119.

[53]李谷成.资本深化、人地比例与中国农业生产率增长——个生产
函数分析框架[J].中国农村经济,2015(1):14-30,72.

[54]李静,蒋长流.农业劳动生产率区域差异与农业用能强度收敛性
[J].中国人口·资源与环境,2014,24(11):17-25.

[55]李静.劳动力转移、资本深化与农业劳动生产率提高[J].云南财经
大学学报,2013,29(3):31-38.

[56]李旻,赵连阁.农业劳动力"老龄化"现象及其对农业生产的影响
——基于辽宁省的实证分析[J].农业经济问题,2009,30(10):12-18,110.

[57]李卫,薛彩霞,朱瑞祥,等.基于前沿面理论的中国农业机械生产配

置效率分析[J].农业工程学报,2012,28(3):38-43.

[58]李新春,李胜文,张书军.高技术与非高技术产业创新的单要素效率[J].中国工业经济,2010(5):68-77.

[59]李英普,李子君,刘玉,等.基于随机前沿分析的河北省粮食生产效率及影响因素研究[J].广东农业科学,2015,42(22):156-161.

[60]梁婧,张庆华,龚六堂.城市规模与劳动生产率:中国城市规模是否过小?——基于中国城市数据的研究[J].经济学(季刊),2015,14(3):1053-1072.

[61]梁流涛,翟彬,樊鹏飞.基于环境因素约束的农户土地利用效率及影响因素分析——以河南省粮食生产核心区为例[J].地理科学,2016,36(10):1522-1530.

[62]梁琦.中国制造业分工、地方专业化及其国际比较[J].世界经济,2004(12):32-40.

[63]梁书民.中国农业种植结构及演化的空间分布和原因分析[J].中国农业资源与区划,2006(2):29-34.

[64]刘强,杨万江,孟华兵.农业生产性服务对我国粮食生产成本效率的影响分析——以水稻产业为例[J].农业现代化研究,2017,38(1):8-14.

[65]刘涛.中国农业机械化效率的省际差异研究[J].农机化研究,2016,38(5):1-5.

[66]刘涛.自然灾害、技术效率与农业发展方式转变[J].华南农业大学学报(社会科学版),2012,11(4):28-35.

[67]刘玉梅,崔明秀,田志宏.农户对大型农机装备需求的决定因素分析[J].农业经济问题,2009,31(11):58-66.

[68]刘长全.不完全竞争框架下的产业集聚理论——新经济地理理论研究综述[J].世界经济情况,2009(12):75-82.

[69]陆文聪,梅燕,李元龙.中国粮食生产的区域变化:人地关系、非农就

业与劳动报酬的影响效应[J].中国人口科学,2008(3):20-28,95.

[70]罗万纯,陈永福.中国粮食生产区域格局及影响因素研究[J].农业技术经济,2005(6):60-66.

[71]骆亚琳.农业产业集群对县域经济发展的影响分析——以鄢陵花木产业集群为例[J].安徽农业科学,2017,45(15):215-217,221.

[72]吕超,周应恒.我国农业产业集聚与农业经济增长的实证研究——基于蔬菜产业的检验和分析[J].南京农业大学学报(社会科学版),2011,11(2):72-78.

[73]昌挺,纪月清,易中懿.水稻生产中的地块规模经济——基于江苏常州金坛的调研分析[J].农业技术经济,2014(2):68-75.

[74]吕炜,张晓颖,王伟同.农机具购置补贴、农业生产效率与农村劳动力转移[J].中国农村经济,2015(8):22-32.

[75]马林静,欧阳金琼,王雅鹏.农村劳动力资源变迁对粮食生产效率影响研究[J].中国人口、资源与环境,2014,24(9):103-109.

[76]毛军.产业集聚与人力资本积累——以珠三角、长三角为例[J].北京师范大学学报(社会科学版),2006(6):103-110.

[77]毛艺林.基于DEA模型的河南省农业机械化效率分析[J].河南农业大学学报,2016,50(3):427-433.

[78]冒佩华,徐骥,贺小丹,周亚虹.农地经营权流转与农民劳动生产率提高:理论与实证[J].经济研究,2015,50(11):161-176.

[79]闵锐,李谷成."两型"视角下我国粮食生产技术效率的空间分异[J].经济地理,2013,33(3):144-149.

[80]闵锐,李谷成.环境约束条件下的中国粮食全要素生产率增长与分解——基于省域面板数据与序列Malmquist-Luenberger指数的观察[J].经济评论,2012(5):34-42.

[81]彭代彦,文乐.农村劳动力结构变化与粮食生产的技术效率[J].华

南农业大学学报(社会科学版),2015,14(1):92-104.

[82]彭晖,张嘉望,李博阳.我国农产品生产集聚的时空格局及影响因素——以蔬菜生产为例[J].西北农林科技大学学报(社会科学版),2017,17(6):81-90.

[83]秦建军,武拉平,闫逢柱.产业地理集聚对产业成长的影响——基于中国农产品加工业的实证分析[J].农业技术经济,2010(1):104-111.

[84]秦清,姜君堂,温桂通.新农村的村级组织机构建设[J].科技资讯,2006(28):163.

[85]秦治领.陕西省粮食生产技术效率实证研究[D].咸阳:西北农林科技大学,2013.

[86]邵敏.出口贸易是否促进了我国劳动生产率的持续增长——基于工业企业微观数据的实证检验[J].数量经济技术经济研究,2012,29(2):51-67.

[87]沈正平,刘海军,蒋涛.产业集群与区域经济发展探究[J].中国软科学,2004(2):120-124.

[88]施昱年.产业关联与土地生产效率关系研究——以北京市海淀区为例[J].中国土地科学,2016,30(4):52-60.

[89]石成玉.气候变化、农业水利投资与我国耕地产出效率分析[J].农业技术经济,2015(11):62-68.

[90]宋连久,孙养学.西藏农业劳动生产率的现状及因素分析[J].西北农林科技大学学报(社会科学版),2009,9(1):19-24.

[91]孙顶强,卢宇桐,田旭.生产性服务对中国水稻生产技术效率的影响——基于吉、浙、湘、川4省微观调查数据的实证分析[J].中国农村经济,2016(8):70-81.

[92]孙浦阳,韩帅,靳舒晶.产业集聚对外商直接投资的影响分析——基于服务业与制造业的比较研究[J].数量经济技术经济研究,2012,29(9):

40-57.

[93]孙浦阳,蒋为,张龑.产品替代性与生产率分布——基于中国制造业企业数据的实证[J].经济研究,2013,48(4):30-42.

[94]孙屹,杨俊孝,刘凯辉.农户农地流转的土地生产效率影响因素实证研究——以新疆天山北坡经济带玛纳斯县为例[J].干旱区研究,2014,31(6):1170-1175.

[95]谭淑豪,曲福田,哈瑞柯.土地细碎化的成因及其影响因素分析[J].中国农村观察,2003(6):24-30,74.

[96]汪小平.中国农业劳动生产率增长的特点与路径分析[J].数量经济技术经济研究,2007(4):14-25,64.

[97]王珏,宋文飞,韩先锋.中国地区农业全要素生产率及其影响因素的空间计量分析——基于1992—2007年省域空间面板数据[J].中国农村经济,2010(8):24-35.

[98]王嫚嫚,刘颖,蒯昊,等.土地细碎化、耕地地力对粮食生产效率的影响——基于江汉平原354个水稻种植户的研究[J].资源科学,2017,39(8):1488-1496.

[99]王水连,辛贤.土地细碎化是否阻碍甘蔗种植机械化发展?[J].中国农村经济,2017(2):16-29.

[100]王兴稳,钟甫宁.土地细碎化与农用地流转市场[J].中国农村观察,2008(4):29-34,80.

[101]王艳荣,刘业政.农业产业集聚对产业增长贡献率的测度与分析[J].中国农业科学,2012,45(15):3197-3202.

[102]王阳.要素流动对发达国家农业经济发展的影响研究[J].世界农业,2014(4):70-73.

[103]卫龙宝,李静.我国茶叶产业集聚与技术效率分析[J].经济问题探索,2014(2):58-62.

[104]魏巍,李万明.农业劳动生产率的影响因素分析与提升路径[J].农业经济问题,2012,33(10):29-35,110-111.

[105]文华成.中国农业劳动力女性化:程度、成因与影响——基于历史宏观截面数据的验证[J].人口学刊,2014,36(4):64-73.

[106]吴惠芳,饶静.农业女性化对农业发展的影响[J].农业技术经济,2009(2):55-61.

[107]吴学花.中国产业集聚分析[D].济南:山东大学,2006.

[108]伍山林.中西部粮食生产区域变化与成因的实证分析[J].财经研究,2001(2):16-20,53.

[109]肖卫东.中国种植业地理集聚:时空特征、变化趋势及影响因素[J].中国农村经济,2012(5):19-31.

[110]辛良杰,李秀彬,朱会义,等.农户土地规模与生产率的关系及其解释的印证——以吉林省为例[J].地理研究,2009,28(5):1276-1284.

[111]辛翔飞,刘晓昀.要素禀赋及农业劳动生产率的地区差异[J].世界经济文汇,2007(5):1-18.

[112]宿桂红,常春水.基于SFA的吉林省粮食生产技术效率实证分析[J].吉林农业科技学院学报,2014,23(3):69-72.

[113]宿桂红,傅新红.基于SFA的中国粮食主产区小麦生产技术效率分析[J].贵州农业科学,2011,39(8):196-199.

[114]宿桂红.中国粮食主产区主要粮食作物技术效率分析[D].雅安:四川农业大学,2010.

[115]许庆,尹荣梁,章辉.规模经济、规模报酬与农业适度规模经营——基于我国粮食生产的实证研究[J].经济研究,2011,46(3):59-71,94.

[116]薛国琴.论农村劳动力转移与农业劳动生产率提高的关系[J].农业经济,2002(3):22-23.

[117]薛龙,刘旗.河南省粮食生产综合技术效率和全要素生产率分析

[J].河南农业大学学报,2013,47(3):345-350.

[118]薛庆根,王全忠,朱晓莉,周宏.劳动力外出、收入增长与种植业结构调整——基于江苏省农户调查数据的分析[J].南京农业大学学报(社会科学版),2014,14(6):34-41.

[119]杨春,陆文聪.中国粮食生产空间布局变迁实证[J].经济地理,2008(5):813-816.

[120]杨春.中国主要粮食作物生产布局变迁及区位优化研究[D].杭州:浙江大学,2009.

[121]杨昆,黄季焜.以木薯为原料的燃料乙醇发展潜力:基于农户角度的分析[J].中国农村经济,2009(5):14-25.

[122]杨丽,王鹏生.农业产业集聚:小农经济基础上的规模经济[J].农村经济,2005(7):53-55.

[123]杨敏丽,白人朴.我国农业机械化发展的阶段性研究[J].农业机械学报,2005(12):167-170.

[124]杨天宇,姜秀芳.产业结构变迁、劳动力市场扭曲和中国劳动生产率增长放缓[J].经济理论与经济管理,2015(4):57-67.

[125]杨万江.走中国特色农业现代化道路必须着力解决十大问题[J].浙江社会科学,2009(2):36-38.

[126]杨义武,林万龙,张莉琴.农业技术进步、技术效率与粮食生产——来自中国省级面板数据的经验分析[J].农业技术经济,2017(5):46-56.

[127]杨志武,钟甫宁.农户种植业决策中的外部性研究[J].农业技术经济,2010(1):27-33.

[128]姚先国,曾国华.劳动力成本对地区劳动生产率的影响研究[J].浙江大学学报(人文社会科学版),2012,42(5):135-143.

[129]姚洋.农地制度与农业绩效的实证研究[J].中国农村观察,1998(6):3-12.

[130]尹朝静,李谷成,葛静芳.粮食安全:气候变化与粮食生产率增长——基于HP滤波和序列DEA方法的实证分析[J].资源科学,2016,38(4):665-675.

[131]应瑞瑶,郑旭媛.资源禀赋、要素替代与农业生产经营方式转型——以苏、浙粮食生产为例[J].农业经济问题,2013,34(12):15-24,110.

[132]余世勇,王佳.中国农业机械化效率分析[J].江苏农业科学,2013,41(12):420-422.

[133]俞海,黄季焜,Scott Rozelle,等.地权稳定性、土地流转与农地资源持续利用[J].经济研究,2003(9):82-91,95.

[134]张传胜,张岳芳.我国农机具利用效率发展趋势的研究[J].中国农机化学报,2017,38(12):123-126.

[135]张宏升.我国农业产业集聚影响因素分析[J].价格月刊,2007(9):19-21.

[136]张宽,邓鑫,沈倩岭,等.农业技术进步、农村劳动力转移与农民收入——基于农业劳动生产率的分组PVAR模型分析[J].农业技术经济,2017(6):28-41.

[137]张落成.我国粮食生产布局变化特点及其成因分析[J].长江流域资源与环境,2000(2):221-228.

[138]张晓恒,周应恒,张蓬.中国生猪养殖的环境效率估算——以粪便中氮盈余为例[J].农业技术经济2015(5):92-102.

[139]张新伟,范明,解涛.我国省域农业劳动生产率空间计量研究[J].统计与决策,2016(13):125-128.

[140]张新伟,范明,解涛.我国省域农业劳动生产率空间计量研究[J].统计与决策,2016(13):125-128.

[141]张忠明,钱文荣.农户土地经营规模与粮食生产效率关系实证研究[J].中国土地科学,2010,24(8):52-58.

[142]张宗毅,曹光乔."十五"期间中国农机化效率及其地区差异[J].农业工程学报,2008(7):284-289.

[143]张宗毅,周曙东,曹光乔,等.我国中长期农机购置补贴需求研究[J].农业经济问题,2009,30(12):34-41.

[144]章立,余康,郭萍.农业经营技术效率的影响因素分析——基于浙江省农户面板数据的实证[J].农业技术经济,2012(3):71-77.

[145]赵丹丹,周宏.农户分化背景下种植结构变动研究——来自全国31省(区、市)农村固定观察点的证据[J].资源科学,2018,40(1):64-73.

[146]赵丽平,王雅鹏,何可.城镇化、农村人力资本与粮食生产技术效率——基于环境规制视角的面板数据分析[J].农业现代化研究,2015,36(4):595-602.

[147]赵娜,尤飞,林宪生.江苏省种植业空间集聚研究[J].中国农业资源与区划,2014,35(4):81-88.

[148]赵文军.我国省区劳动生产率的变化特征及其成因:1990—2012[J].经济学家,2015(6):58-67.

[149]郑风田,程郁.从农业产业化到农业产业区——竞争型农业产业化发展的可行性分析[J].管理世界,2005(7):64-73,93.

[150]郑文钟,何勇.基于GIS的浙江省农业机械化发展水平的地区比较[J].浙江大学学报(农业与生命科学版),2004(6):82-86.

[151]郑旭媛,徐志刚,应瑞瑶.城市化与结构调整背景下的中国粮食生产变迁与区域异质性[J].中国软科学,2014(11):71-86.

[152]郑旭媛,徐志刚.资源禀赋约束、要素替代与诱致性技术变迁——以中国粮食生产的机械化为例[J].经济学(季刊),2017,16(1):45-66.

[153]钟甫宁,胡雪梅.中国棉花生产区域格局及影响因素研究[J].农业技术经济,2008(1):4-9.

[154]钟若愚.自然资源价值及其效率问题研究[J].求索,2008(5):24-26.

[155]周端明.技术进步、技术效率与中国农业生产率增长——基于DEA的实证分析[J].数量经济技术经济研究,2009,26(12):70-82.

[156]周宏,王全忠,张倩.农村劳动力老龄化与水稻生产效率缺失——基于社会化服务的视角[J].中国人口科学,2014(3):53-65,127.

[157]周晶,陈玉萍,阮冬燕.地形条件对农业机械化发展区域不平衡的影响——基于湖北省县级面板数据的实证分析[J].中国农村经济,2013(9):63-77.

[158]周力,周应恒.粮食安全:气候变化与粮食产地转移[J].中国人口.资源与环境,2011,21(7):162-168.

[159]朱明.服务投入与中国农业劳动生产率的追赶进程——对中国农业劳动生产率阶段性特征的新解释[J].财经研究,2016,42(7):111-121.

[160]朱启荣.中国棉花主产区生产布局分析[J].中国农村经济,2009(4):31-38.

[161]宗晓杰.用DEA法的两个模型测算农机化贡献率的算法研究[J].农业工程学报,2006(5):20-23.

[162]BALDWIN RE.Agglomeration and endogenous capital processed graduate institute of international studies[R]. University of Geneva,1989.

[163]BALDWIN RE.Agglomeration and endogenous capital[J].European Economic Review, 1999, 43(2): 253-280.

[164]BANKER R D, CHARNES A, COOPER W W.Some models for estimating technical and scale inefficiencies in data envelopment analysis[J].Management Science, 1984, 30: 1078 - 1092.

[165]BATTESE G E, CORRA G S.Estimation of a production frontier model: With application to the pastoral zone of eastern Australia[J]. Australian Journal of Agricultural Economics, 1977, 21: 169-179.

[166]BHALLA SS,ROY P. Mis-specification in farm productivity analy-

sis: The role of land quality[J].Oxford Economic Pap,1988, 40(1): 55–73.

[167]BRULHART M, MATHYS N A.Sectoral agglomeration economies in a panel of European reginons[J].Regional Science and Urban Economics,2008, 38(4): 348–362.

[168]CARTTER, COLIN A, BRYAN L.Regional specialization of China's agriculture production [J].American Journal Agrriculture Economics, 2002, 84: 749–753.

[169]CHAYANOV A V.A reformulation og a.v.chayanov's theory of the peasant economy[J].Econimic Development and Cultural Change.1970, 18(02): 219–230.

[170]CHEN PC, YU MM,CHANG CC, HSU SH. Total factor productivity growth in China's agricultural sector[J]. China Economic Review, 2008, 19(4): 580–593.

[171]CICCONE A.Agglomeration effects in Europe[J].European Economic Review, 2002, 46(2): 213–227.

[172]DEININGER K , JIN S.Tenure security and land–related investment: Evidence from Ethiopia[J].European Economic Review, 2006, 10(50): 1245–1277.

[173]ESWARAN M, KOTWAL A. A theory of contractual structure in agriculture[J].The American Economic Review, 1985, 75(3): 352–367.

[174]FAN CC, SCOTT AJ. Industrial agglomeration and development: A survey of economic issues in East Asia and a statistical analysis of Chinese regions[J]. Economic Geography, 2003, 32(79): 295–319.

[175]FARE R, GROSSKOPF S.Modeling undesirable factors in efficiency evaluation: Comment[J]. European Journal of Operational Research, 2004, 157: 242 – 245 .

[176]FLEISHER B M, LIU Y.Economies of scale, plot size, human capital, and productivity in Chinese agriculture[J].Quarterly Review of Economics and Finance, 1992, 32(3): 112−124.

[177]GAUTAM M, NAGARAJAN H K, PRADHAN K C. Technical, economic and all ocative efficiency and its determinants of Indian agricultural farmers using ARIS/REDS panel data[R].NCAER Working Papers on Decentralisation and Rural Governance in India, 2012.

[178]GIBBS RM, BERNAT GA.Rural ndustry clusters raise local earnings [J].Rural Development Perspectives, 1997(12): 18−25.

[179]GOLDSTIEN G S, STRANGE T J.Matching and agglomeration economics of agglomeration[J].Journal of Urban Economics, 1984, 16(1): 91−94.

[180]GORDON IR, MCCANN P. Industrial cluster: Complexes, agglomeration and/or social networks?[J]. Urban Studies, 2000, 37(3): 513−532.

[181]GREENWOOD J, JOVANOVIC B. Financial development growth and the distribution of income[R]. National Bureau of Economic Research, 1989.

[182]HASAN S, FAGGIAN A, KLAIBER H A, et al. Agglomeration economies or selection? Premises and policies[J].Science, 2013, 341(7): 33−34.

[183]HELTBERG R.Rural market imperfections and the farm size—productivity relationship: Evidence from Pakistan,[J].World Development, 1998, 26(10): 1807−1826.

[184]HYEON C, BYUNG W. Agro−industry cluster development in five transition economics[J].Journal of Rural Development, 2006, 57(29): 85−119.

[185]HYEON C, JANG H.Byung−Joon W.Agri−industry cluster development in five transition economics[J].Journal of Rural Development, 2006, 29 (6): 85−119.

[186]KIMHI A.Plot size and maize productivity in Zambia: Is there an inverse relationship?[J].AgriculturalEconomics, 2006, 35(1): 1–9.

[187]KLENOW P, A RODRIGUEZ– CLARE. The neoclassical revival growth economics:has it gone too far? [J].NBER Macroeconomics Annual, 1997, (12): 73– 103.

[188]KRISHNASRENI S, THONGSAWATWONG P.Status and trend of farm mechanization in Thainland[J].Agriculture Mechanization in Asia,Africa and Lation America, 2004, 35(1): 59–66.

[189]LAMB R L.Inverse productivity: land quality, labor markets, and measurement error[J]. Journal of Development Economics,2003, 71(1): 71–95.

[190]LOBELL D, ASNER G. Climate and management cotributions to recent trends in U.S.Agriculture Yields[J].Science, 2003,29(9): 1026–1032.

[191]LOVO S.Tenure insecurity and investment in soil conservation,evidence from Malawi[J].World Development, 2016, 78(2): 219–229.

[192]LUCAS RE. On the mechanics of economic development[J]. Journal of Monetary Economics, 1988, 22(1): 3–42.

[193]MAATEN L J P V D,POSTMA E O,HERIK H J V D.Dimension–ality reduction: A comparative review[J].Journal of Machine Learning Research, 2007, 10(1) : 2579 – 2600.

[194]MAPEMBA L D, ASSA M M, MANGO N. Farm household production efficiency in Southern Malawi: An efficiency decomposition approach [J]. Journal of Economics and Sustainable Development, 2013, 4(3): 236–245.

[195]PAUDEL P, MATSUOKA A. Cost efficiency estimates of maize production in Nepal: A case study of the Chitwan district[J]. Journal of Agricultural Economics–CZECH, 2009, 55(3): 139–148.

[196]ROSEGRANT M W ,CLINE S A.Global food security: Challenge and

policies [J].Science, 2003, 47(302): 1917−1920.

[197]TONE K.A slacks−based measure of efficiency in data envelopment analysis[J].European Journal of Operational Research, 2001, 130: 498 − 509.

[198]TONE K.A slacks − based measure of super − efficiency in data envelopment analysis[J].European Journal of Operational Research, 2002, 143(3): 32 − 41.

[199]WAN G H, CHEN E J. Effects of land fragmentation and returns to-scale in the Chinese farming sector[J].Applied Conomics, 2001, 33(7): 781 − 785.

致　谢

　　本书能够顺利出版，是因为受到教育部人文社科青年基金（编号：19YJC790190）、金陵科技学院高层次人才科研启动项目资助（编号：jit-201819）、中国博士后基金（编号：2020M67417）、江苏省博士后基金（编号：2020Z033）等项目资助。

　　终于到了提笔致谢的这个时刻，内心感慨万千。回首往日，想说的太多太多。28年前的盛夏，我带着对万事万物的憧憬降生到人世间，28年后的初夏，我已经完成我的博士论文。当最后一句话写完，指尖离开键盘的那一瞬间，我的脑海中浮现出太多的往事。我想到了15年前，家人将我送到体育基地进行专业性的篮球训练，经过10年的历练，我成为一名专业的篮球运动员，并拿了无数奖项，竞技体育虽然没有给我学术上的指导，却教会了我对学习的态度。在本科阶段，通过与同学和老师的交流，我深深意识到我与同学在知识积累和科研素养方面均有很大的差距，因为不甘落后的性格，我下定决心去弥补欠缺的部分，并于4年后，攻读了农业经济管理专业硕士研究生，所以我也迎来了我学术道路上的第一个转折点，初步跨进了农经学术殿堂。

　　从本科到博士毕业，我走了9年，这9年是看似空白而又充满奋斗气息的9年。9年前我体重54千克，9年后体重还是54千克；9年前我一无所有，9年后我依然一无所有；9年前我耳边都是欢声笑语，9年后我耳边都是感慨万千；9年前我眼睛明亮、有神，9年后我摘下眼镜，已看不太清远处的家人；9年前，我是一名国家二级篮球运动员，9年后，我已渐渐走出体育的圈子，迈入南京农业大学农业经济管理专业的学术研究的殿堂；9年前我的眼中只有篮球、队友和比赛，9年后我却转变为一名管理学博士。这一路走来，有欢声也有泪水、有喜悦也有痛苦，但更多的是感谢与感激，我深知这一切离不开所有关心与帮助我的人。

衷心地感谢我的恩师周宏教授，周老师深知我学术功底薄弱，从报考开始便告知我需要自学哪些书籍和技能，"基础不牢、地震山摇"便是周老师送给我的话。在这3年里，每当我学习和生活中遇到困难时，我都会第一时间找周老师请教和倾诉。在学习上，周老师教会了我使用科学的思维方式、研究方法，掌握前沿的学术理念。特别是在博士学位论文的开题及撰写中，他更是倾注了大量心血，从论文思路萌芽到论文的成稿，周老师给予我莫大的帮助、信心、鼓励和支持。在生活中，周老师带领我们定期运动、分析感情经历和未来发展方向。周老师不仅是我的学业导师，更是我的人生导师。师恩深似海，周老师的谆谆教诲让我永远铭记在心。

衷心地感谢南农经管院的诸位老师。在这3年里，我的进步与各位老师紧密相连，无论是补修的硕士课程还是必修的博士课程，都让我受益匪浅。感谢开题、预答辩阶段钟甫宁教授、徐志刚教授、何军教授、林光华教授、易福金教授、周力教授、田旭副教授、田曦副教授给予的宝贵意见，让我论文得以完善。同样更加感谢答辩阶段朱晶教授、朱德副教授、常向阳教授、林光华教授和两位外校评审专家王跃堂教授和包宗顺教授，谢谢你们对我的肯定，让我真正地意识到自己真的要毕业了。感谢博士期间孙顶强老师、田旭老师、周德老师等学院其他老师的博士课程，让我不断丰富自己的基础知识，你们都是我值得学习的榜样。

当然，还要衷心地感谢三位匿名评审老师，是你们对我的肯定，我才有机会顺利毕业。虽然我不知道您叫什么，但我内心对您表示万分的尊敬和感激。

　　感谢我同师门的各位兄弟姐妹。在这3年里，我们相互学习，我教你们体育，你们教我知识。感谢王全忠师兄、夏秋师兄、李雨师兄、尹晓玲师姐、朱晓丽师姐、张倩师姐、柳凌韵师姐、陈欢师姐、薛超师弟、陈俊金师弟、王浩师弟、李丹师妹、李楠楠师妹、陈伟师妹、刘航航师妹、包小萍师妹，是你们让我感受到我们是一家人，让我这个异乡人感受到家的温暖。

　　感谢我的同班同学。首先，感谢我的老乡郑继媛博士，在这3年里，每当我想家的时候你都会给我送来酸菜馅蒸饺，让我感受到无比的温暖。同时，你又是我的知心姐姐，无论何时、何事都陪在我的身边，为我所做的让我终生难忘。其次，感谢徐志远博士、陈苏博士、薛洲博士、张俊义博士、侯晶博士、刘家成博士、郑秋芬博士，我们一起从学习压力的缝隙中寻找一丝丝快乐，让枯燥乏味的学习变得有乐趣。

　　除此之外，在这3年里我还要感谢魏艳娇博士、廖小静博士、乔辉博士、胡凌霄博士、张晓恒博士、卢华博士、黄昊舒博士，每当我遇到学术问题，你们都能够第一时间给予我帮助，同时向你们的博士学位论文学习了甚多精髓，衷心说声谢谢你们！

　　最后，深深地感谢我的父母，你们用毕生的心血养育教导我努力学习，母亲的言语始终铭记在心中："坚持别人坚持不了的痛苦，你就取得了胜利。"每当我想放弃或是犹豫时，都是母亲的话让我告诉自己再坚持坚持。感谢您和父亲这么多年来不辞辛苦，给予我无尽的鼓励和支持，一直做我坚强的后盾，让我去实现自己的梦想。

　　再次，感谢所有关心和支持我的朋友！感谢生命中出现的每个人！

赵丹丹

2018年5月于逸夫楼